Révolution yéménite :
un tournant historique aux enjeux multiples

Sonia Bouchet

Sous la direction de Monsieur Fouad Nohra

Révolution yéménite :
un tournant historique aux enjeux multiples

L'HARMATTAN

5-7, rue de l'École-Polytechnique ; 75005 Paris

http://www.librairieharmattan.com
diffusion.harmattan@wanadoo.fr
harmattan1@wanadoo.fr

ISBN : 978-2-336-29142-0
EAN : 9782336291420

Sommaire

Introduction

La première décennie de ce millénaire a été marquée par nombre d'évènements tragiques.

Des attentats du 11 septembre 2001, au Printemps Arabe, en passant par l'ouverture de nouveaux fronts de guerre, notre monde est en pleine mutation géopolitique. Rendus responsables de nombreux maux, les pays arabes musulmans sont rapidement devenus la cible des médias et gouvernements occidentaux. Parmi eux, le Yémen, terre d'origine d'Oussama Ben Laden.

Petit État situé à la pointe de la Péninsule Arabique, sa superficie d'à peine 527 970 km², doit composer avec une population forte de plus de 24 133 492 habitants (estimation 2012 selon la Banque Mondiale). Pays le plus pauvre de la Péninsule Arabe, mais aussi le plus lourdement armé, le Yémen est situé sur un point névralgique du globe, expliquant les moult ingérences de puissances extérieurs (proches et lointaines), tout au long de son histoire.

Ces caractéristiques dépeignent un tableau bien sombre de ce qui fut autrefois l'Arabie Heureuse, *Arabia Felix*, riche civilisation caravanière de la myrrhe et de l'encens, royaume de rois et reines de légende, tels que le Roi Salomon ou la Reine de Saba. Les vestiges des multiples palais et temples sont devenus des sites archéologiques touristiques incontournables attestant de cette fastueuse époque.

Pays montagneux (dont le point culminant est la Jabal an Nabi Shu'ayb à 3760 mètres d'altitude), le Yémen est un pays où l'homme a su, au fil du temps, s'adapter à la nature. Les nombreuses cultures en terrasses qui cisèlent le paysage yéménite et les maisons à étages construites à flanc de montagnes, confèrent au Yémen son caractère unique au sein de la Péninsule Arabe.

Ce paysage montagneux et aride a tenu un rôle majeur dans l'histoire du Yémen, opposant une région Nord très sèche, à une région Sud fertile. Phénomène particulièrement intéressant dans la mesure où ce contraste géographique se trouve doublé d'une opposition politique.

En effet, jusqu'en 1990, le Yémen est divisé en deux parties. Le Yémen du Nord est entre les mains des Imams Zaydites depuis 898. Ces derniers entretiennent une tradition clientéliste favorisant les principales tribus du Nord, les Hashed et les Bâkil, dans le seul but de conserver leur pouvoir (il est intéressant de remarquer que cette technique sera reprise ensuite par les dirigeants yéménites successifs, avec plus ou moins de réussite).

Un coup d'État militaire en 1960, appuyé par l'Egypte met un terme au règne des imams. La guerre civile qui en résulte entraîne l'effondrement du système théocratique du Yémen du Nord et de nouvelles tensions entre républicains et royalistes éclatent. Après deux années de guerre civile fratricide, le 26 septembre 1962, la République Arabe du Yémen (RAY) est proclamée.

Le Yémen du Sud quant à lui, résulte d'une expérience unique au sein du monde arabe. Sous protectorat Britannique entre 1839 et 1967, le Yémen du Sud (contrairement au Yémen du Nord tribal mais unifié), est divisé en 25 sultanats et cheikha's. Cependant, les revendications indépendantistes d'Aden en 1967 entraînent le soulèvement du Yémen du Sud, ouvrant la voie à deux années de guerre civile terriblement meurtrières.

Le Front National de Libération, dirigé par Abd Al Fattah Ismaïl prend le pouvoir en 1969, proclamant la naissance de la République Populaire du Yémen après ces deux années de guerre. Régime le plus radical du monde arabe, s'identifiant aux préceptes marxistes, le Yémen du Sud devient un satellite de l'URSS, jusqu'à son démantèlement. En 1990, un document officiel met un terme à l'idéologie socialiste du Yémen du Sud.

Malgré ces deux régimes aux idéologies antipodiques, les échanges inter-yéménites ne cessent d'exister, tout comme l'idée d'unification des deux États (La première unification nationale a d'ailleurs été conduite par les Imams Zaydites de la dynastie Qasimide, après avoir mis fin à la domination Ottomane du Yémen du Nord, de 1538 à 1635).

A la fin des années 1980, les deux États yéménites se trouvent dans une situation économique désastreuse. Le Yémen du Sud, dévasté par la guerre civile de 1986, et touché par la chute de l'URSS, tente de retrouver sa légitimité d'antan, tandis que le Yémen du Nord, dont l'économie dépend des revenus de la diaspora, se trouve confronté à une baisse de la demande de travailleurs yéménites dans les pays du Golfe[1]. La situation économique de ces deux États semble irrémédiablement perdue, mais c'est sans compter les heureux hasards de la vie... En effet, la découverte de gisements pétroliers à la frontière des deux pays frères va ouvrir la voie à une période d'espoir, d'unification et de réconciliation.

Au prime abord, l'emplacement de tels gisements aurait pu ouvrir la voie à de nouvelles tensions. Afin d'éviter cette éventualité, les deux États yéménites décident de s'unir malgré l'incompatibilité de leur régimes politiques. Le processus d'unification des deux Yémen est alors lancé, et la République du Yémen, proclamée le 22 mai 1990. Son Président n'est autre que l'ancien Président du Yémen du Nord, Ali Abdallah Saleh.

Cette union n'est pas du goût de tous. Le Yémen, bien que pauvre et sans richesses naturelles abondantes, représente un danger pour l'Arabie Saoudite. Tant que le Yémen était divisé, l'Arabie Saoudite pouvait jouer à sa guise des velléités tribales, empêchant tout rapprochement entre les deux États et ce, dans le seul but d'obtenir un passage direct sur l'Océan Indien afin de lui faciliter l'accès vers les marchés pétroliers asiatiques. Or,

[1] Le Yémen était dépendant des demandes de travail en provenance des pays du Golfe. Cependant, l'explosion démographique qui a touché ses derniers a rapidement entrainé une baisse de la demande de main d'œuvre en provenance du Yémen.

l'unification des États yéménites suite à une concordance de facteurs conjoncturels joue en sa défaveur, donnant naissance à un Yémen plus fort et moins dépendant de son riche voisin. L'influence saoudienne reste malgré tout vivace au sein de la politique yéménite ne serait-ce que via le financement de tribus du Nord, du Sud et de hauts dignitaires yéménites dans le but de faire éclater cette union.

D'autre part, la démocratie yéménite, argument phare de l'unification, introduit un concept politique modernisateur au sein de la péninsule arabe, et un danger supplémentaire pour le Royaume d'Arabie Saoudite, connu pour ses contrôles rigoureux et sa vision rigoriste de l'Islam. Dès les années 1990, le Yémen du Sud, vote des lois en faveur d'une plus grande liberté de presse et d'opinion (certainement en contrecoup de l'expérience communiste). L'unification avec le Yémen du Nord, et l'application de ces lois libérales à l'ensemble du pays, représente un risque de voir se répandre ces nouvelles mœurs au-delà de la nation yéménite, au sein même du Royaume.

En dépit de son unification, le Yémen n'en reste pas moins un État faible, miné par la corruption et les trafics en tout genre[2]. Son positionnement sur un lieu névralgique du globe, lui vaut l'ingérence de son environnement immédiat et d'acteurs plus lointains. En effet, le Yémen, malgré son faible poids sur la scène internationale, a toujours été convoité par les puissances étrangères : Ottomans, Saoudiens, Anglais, Egyptiens et plus récemment, Américains et Chinois.

Les États-Unis depuis quelques années se trouvent confrontés à de nouveaux impératifs énergétiques et se voient obligés de trouver une nouvelle politique énergétique, en témoigne le rapport « *National Energy Policy* » (NEP), commandité par G. W. Bush, paru en mai 2001[3]. Afin de rester

---

[2] Les trafics d'armes, de drogue et d'êtres humains sont inhérents à l'activité globale du pays. La drogue vient d'Afrique et d'Asie, transite par le Yémen pour se déverser ensuite sur les marchés illicites saoudiens et iraniens.

[3] Rédigé par les membres du *National Energy Policy Development Group*, dont faisait partie Dick Cheney.

la puissance dominante mondiale face aux puissances montantes, le NEP redéfini la politique énergétique américaine, notamment vis-à-vis des pays du Golfe. Les nombreux points développés au travers de ce rapport, et les stratégies proposées sont les bases sur lesquelles s'appuiera (et s'appuie toujours) la politique énergétique et militaire américaine.

Les alliances existantes sont renforcées et de nouvelles sont forgées tout en s'implantant dans les endroits stratégiques du globe, en vue de répondre aux impératifs énergétiques de la société américaine. Envahir l'Afghanistan, n'était qu'une façade pour atteindre les objectifs hégémoniques américains, occuper le Yémen, et sécuriser le Bab-el-Mandeb, permet aux américains de répondre à leurs impératifs énergétiques. De plus, les évènements historiques récents, tels que les attentats du 11 septembre 2001 ou encore l'attentat raté du 25 décembre à Détroit contre un avion américain, ont mis le Yémen dans la ligne de mire de Washington dans le cadre de sa lutte contre le terrorisme.

Le Yémen, par la voix d'Ali Abdallah Saleh s'est rapidement montré un allié sans faille (apparente) dans cette lutte contre le terrorisme, permettant notamment l'installation de locaux du FBI au sein de la capitale.

Cependant, la lutte yéménite contre le terrorisme se révèle difficile. En 2009, un groupe d'Al-Qaeda a créé Al-Qaeda pour la Péninsule Arabique (AQPA). Ce groupe bénéficie de la protection de certaines tribus, ou sont directement aidés par le pouvoir en place, contre des largesses financières[4]. L'organisation terroriste continue ainsi à recruter et former des combattants parfois en toute impunité.

Nous voyons se jouer l'avenir d'un pays déstabilisé par les puissances étrangères, pratiquant la politique du diviser pour mieux régner, dans le seul but d'avoir la main mise sur la route des hydrocarbures. Les effets collatéraux (ici, déstabilisation

[4] Cela pourrait expliquer l'évasion de plusieurs chefs islamistes de la prison de Sanaa en 2006.

d'un pays entier et guerre civile) n'ont que peu d'importance pour les stratégies des grandes puissances ou seule compte la finalité stratégique.

Pays pauvre, en proie à une pénurie d'eau, la révolte Yéménite dans la vague du Printemps Arabe n'a étonné personne. L'ensemble de ces tensions est imputé à celui qui s'est voulu le chantre de la réunification en se hissant à la tête des deux États, l'ancien Président, Ali Abdallah Saleh.

Né le 21 mars 1942, il intègre les forces armées en 1958 avant d'être nommé Président de la République Arabe du Yémen (Yémen du Nord), le 24 juin 1978. Présidence non remise en question jusqu'aux récents évènements, Ali Abdallah Saleh s'est voulu novateur en instaurant les bases de la démocratie yéménite, et en s'engageant dans la lutte anti-terroriste. Cependant, la dégradation de l'économie, suivie d'un possible amendement de la Constitution Yéménite, furent les détonateurs d'une situation houleuse qui couvait depuis trop longtemps.

La remise en cause du pouvoir présidentiel n'est en fait que la partie émergée de l'iceberg. Cette révolte met en lumière de nombreuses autres fractures. L'économie du pays est au plus bas, les familles yéménites vivent dans un pays où se côtoient crise alimentaire, stress hydrique, déficit pétrolier et tensions intra-yéménites.

Aussi, devant l'importance stratégique du pays et face aux enjeux qui s'y déroulent actuellement, nous allons traiter du sujet yéménite sous une approche géostratégique. Nous nous demanderons quel peut-être l'avenir de l'État le plus pauvre de la péninsule arabe, soumis aux ingérences destructrices des géants du pétrole, dont le seul intérêt repose sur le contrôle du Bab-el-Mandeb ?

Après avoir démontré que le Yémen, situé sur un emplacement géostratégique majeur, est en proie aux ingérences de son voisin le plus proche (l'Arabie Saoudite), qui tente de garder sa place de leader du monde pétrolier, nous verrons par la suite comment le Yémen fait face aux ingérences américaines et à leur désir d'hégémonie sur le Bab-El-Mandeb, pour satisfaire leur nouvelle politique énergétique. Nous nous pencherons ensuite sur le devenir du Yémen après la révolution, et passerons en revue les planches de salut de ce pays ainsi que l'aide apportée par la communauté internationale…

Partie I.
Une exception politique à la norme arabe

A. La République du Yémen : deux États réunis et une structure tribale spécifique

Il est impossible de comprendre l'évolution d'un pays arabe sans avoir préalablement pris connaissance de son histoire. Le Yémen à ce titre, représente une étude de cas très intéressante.

Situé à la pointe Sud-Ouest de la péninsule arabe, ce pays est entouré de monarchies pétrolières mais se différencie de ces dernières dans de nombreux domaines. Pays le plus peuplé mais aussi le plus pauvre, le Yémen a pâti tout au long de son histoire de sa situation stratégique sur la route des hydrocarbures. Malgré sa production de pétrole, sa rente pétrolière contrairement aux autres monarchies, n'a pas transformé le train de vie des yéménites, n'a compensé ni son sous-développement, ni sa dépendance à l'aide humanitaire. Le Yémen est resté majoritairement rural (à 68%[5]), appauvrit et plus que jamais soumis aux ingérences d'acteurs extérieurs, à l'image du Royaume Saoudien, qui perçoit ce Yémen unifié comme une menace pour sa propre sécurité.

Aussi, avant d'entrer dans le vif du sujet, est-il nécessaire de se remémorer quelques points concernant l'histoire de l'unification yéménite exceptionnelle au sein du monde arabe[6]. Cette dernière, élément déclencheur du processus démocratique yéménite, sera aussi perçu d'un mauvais œil par les monarchies pétrolières voisines qui effectueront un travail de sape dans le but de démanteler ce pays nouvellement réunifié.

---

[5] Selon l'estimation du CIA World Factbook, en 2010, seule 32% de la population Yéménite est urbaine. (https://www.cia.gov/library/publications).

[6] Hormis l'expérience de la République Arabe Unie qui, entre 1958 et 1961, a réuni sous une même bannière la Syrie et l'Egypte.

a. Le Yémen du Nord : entre Zaydites et Ottomans

1-L'idée d'unité yéménite a toujours existé

En dépit des apparences, l'idée d'unification yéménite ne date pas des années 1990, mais est ancrée dans l'histoire du pays. La dynastie Qasimide est à ce titre la première à tenter d'unifier le Yémen au cours de sa lutte contre la domination Ottomane, de 1538 à 1635. Ce désir d'union sera repris sous l'imamat Zaydite, notamment avec l'imam Yahya (1904 à 1948)[7]. Après la mise en place du protectorat britannique sur le Yémen du Sud (qui consacre les frontières des deux Yémen), « il ne manqua pas, après l'éviction des troupes ottomanes, d'entretenir des foyers de tension aux frontières des protectorats britanniques[8].»

Son successeur, l'imam Ahmad, déplacera la capitale de Sanaa à Taëz, lui permettant de se rapprocher d'Aden, capitale du Yémen du Sud, perpétuant ainsi la tradition des raids.

Cependant, la détérioration de la situation sociale au sein du pays engendre un début de révolte. Les services sociaux à titre d'exemple ne sont presque pas, ou peu dispensés à la population, alors même que la demande est importante[9], et la concentration des pouvoirs dans les mains d'un seul engendre un sursaut nationaliste et républicain.

Le 26 septembre 1962, les officiers yéménites tentent un coup d'État contre Muhammad al-Badr (fils et successeur de l'imam Ahmad). La République Arabe du Yémen (la RAY) est proclamée, gouvernée par Abd Allah Sallal.

---

[7] F. MERMIER, *Yémen, les héritages d'une histoire morcelée,* in « Le Yémen contemporain », éd Karthala, 1999.
[8] *Ibid.*
[9] Voir Sarah Phillips, *Yemen's democracy experiment in regional perspective, patronage and pluralized authoritarianism,* Palgrave Macmillan, 2008.

Une nouvelle guerre civile éclate jusqu'en 1967[10]. « L'Imam - Muhammad al-Badr -, avec l'appui de l'Arabie Saoudite et de la Grande Bretagne (...) organisent la contre révolution »[11]. D'un autre côté, Nasser envoie un contingent de 65 000 hommes afin de soutenir les républicains. Abd Allah al-Sallal, sera finalement remplacé par Abdul Rahman el Iriani (jusqu'au 13 juin 1974).

2-Naissance de la République Arabe du Yémen et début d'une nouvelle ère

Les années 1970 sont pour la RAY des années de croissance économique et de développement. Des institutions naissent, des associations d'aide au développement local apparaissent et profitent d'une main d'œuvre abondante sur le marché du travail yéménite. Les versements de la diaspora et les aides étrangères, participent au bon fonctionnement de l'économie. Cependant, l'instabilité politique règne dans la région, les révoltes sont légion et les luttes pour le pouvoir affaiblissent encore plus cet État au demeurant fragile.

Le Président Abd al-Rahman al-Iryani est renversé en 1974 par Ibrahim al-Hamdi, lui-même assassiné le 11 octobre 1977. Son successeur, Ahmad al-Ghashmi, sera lui aussi tué huit mois après son investiture au pouvoir, le 24 juin 1978[12]. Cette succession de renversements s'explique par l'inaptitude des Présidents de la RAY à utiliser les tribus à bon escient. Beaucoup d'entre eux perçoivent ces dernières comme des bastions à étouffer eu égard au crédit trop important dont elles jouissent auprès de la population yéménite (ces derniers accordaient – et accordent toujours – une place plus importante à leur tribu d'origine qu'à leur pays).

---

[10] La défaite de l'Egypte face à Israël, et les difficultés financières qui suivirent la forcèrent à retirer ses troupes du Yémen.
[11] Voir : Encyclopédie Larousse larousse.fr/encyclopedie/pays/Y%C3%A9men/150288
[12] *Ibid.*

Certains dirigeants de la RAY, à l'image d'Ibrahim al-Hamdi, font exécuter et emprisonner nombre de cheikhs perçus comme des menaces pour le pouvoir central.

Plus fin stratège, l'ancien Président du Yémen, Ali Abdallah Saleh, a su jouer de ces velléités tribales, les montant parfois les unes contre les autres pour arriver à ses propres fins[13].

Il maintient ainsi les caractéristiques d'un pouvoir militaire (obéissance au pouvoir et centralisation de ce dernier), et sait par expérience qu'exclure un membre tribal puissant de la vie politique et sociale entraînerait sa chute. Aussi, pour légitimer sa place de chef d'État, le Président Saleh n'hésite pas à incorporer dans son réseau de patronage des groupes militaires et tribaux, ainsi que des leaders de l'opposition, tout en plaçant aux postes clé des membres de sa famille ou de sa tribu.

« Depuis 1978, à la Présidence de la RAY, Ali Abdallah Saleh a mis en place une période de stabilité politique, incorporant ses rivaux au sein du processus politique, modernisant l'armée et le service public, et regroupant les tribus sous le contrôle de l'État[14]. »

Néanmoins, le Congrès Général du Peuple (CGP), parti d'Ali Abdallah Saleh, est rongé par le laxisme et la corruption. La stabilité du Président Saleh n'est en fait qu'une stabilité de façade qui risque de s'écrouler au moindre faux pas.

L'on comprend alors mieux l'ardeur avec laquelle ce dernier a défendu l'unification des deux États. L'unité représentait pour lui l'opportunité de « stabiliser son pouvoir et développer l'économie du pays en apportant au régime du Nord le savoir-faire institutionnel du Yémen du Sud[15]. »

Cette stabilité, comme nous le verrons dans la suite de notre étude, va être progressivement remise en cause par des mouvements tribaux, qui souffrent d'une conjoncture

---

[13] *Ibid.*

[14] *Ibid.* Sarah PHILLIPS.

[15] Voir M. Ahmad, al-SAYYAD, *La réunification du Yémen, les rancœurs passées au défi de l'avenir*, Dossier France-Pays arabes, 1990, La documentation française.

économique et politique néfaste, et sont poussés par l'Arabie-Saoudite afin de déstabiliser le processus d'unification yéménite.

b. Le Yémen du Sud : seul régime marxiste du monde arabe

1-Du protectorat britannique au communisme

Le Yémen du Sud, établit après une révolution dans les années 1960, résulte d'une expérience bien différente du Yémen du Nord.

De 1839 à 1967, le port d'Aden, sous contrôle de l'Empire Britannique connaît un retard de développement considérable et cela, à tous niveau. Divisé en 25 sultanats et Cheikha's, ce dernier souffre de la mainmise anglaise sur l'économie yéménite.

Suite au mouvement nationaliste qui embrase toute la péninsule, le Yémen du Sud se soulève contre les britanniques en vue de revendiquer son indépendance. En 1969, la faction radicale du Front National de Libération (FNL), dirigée par Adb al-Fattah Ismail, s'empare du pouvoir face à la faction modérée dirigée par Qahtan al-Sha'bi's, et proclame la naissance de la République Populaire du Yémen.

Le régime du Yémen du Sud devient le plus radical du monde arabe, s'identifiant aux préceptes marxistes et à la lutte nationaliste. En 1970, le FNL change le nom de l'État yéménite du Sud, qui devient « La République Populaire Démocratique du Yémen » (RPDY), dont la constitution se place ouvertement en opposition avec son plus proche voisin. « Des centaines de Yéménites musulmans du sud fuient vers le nord, tandis que commence une émigration massive des chrétiens d'Aden vers l'Europe, et des juifs yéménites vers Israël, suite à l'appauvrissement du pays[16]. »

---

[16] Voir Tom COOPER, *South Arabia and Yemen, 1945-1995*, ACIG.org, 2005.

« De nombreux clashes idéologiques voient le jour entre le Yémen du Nord et son élite conservatrice, et le Yémen socialiste du Sud. Ainsi, chaque parti met toute son énergie et ses ressources à supporter (voire provoquer) les mouvements d'opposition de chaque Yémen[17]. » Toute cette animosité conduit à deux guerres de frontières en 1972 et 1979, d'autant plus paradoxales lorsque l'on connait le désir de chaque État de s'unifier avec l'autre.

« Sous la houlette d'Abd al-Fattah Ismail, la RPDY nationalise son économie et met en place une politique étatique de développement. Les terres sont redistribuées, les sociétés nationalisées et les détenteurs traditionnels du pouvoir (tels que les sultans, les clercs religieux…) sont exilés. »[18]

Les luttes de pouvoir entre les leaders du FNL minent les tentatives de reconstruction de l'État, malgré les efforts de la police pour stabiliser la société.

2-Mort de l'Union des Républiques Socialistes Soviétiques et nouvelles guerres civiles

Bien que la République Soviétique n'ait jamais vraiment eu de rapport rapproché avec le Yémen du Sud, leur adhésion aux préceptes socialistes permettait à la RPDY d'obtenir une aide de 400 millions de dollars et une petite assistance militaire. La mort de l'URSS a finalement raison du régime marxiste yéménite, mais entraîne le début de troubles, opposant « le camp des pragmatiques à celui des idéologues du régime. »[19]

---

[17] Voir Claude LORRIEUX, *Yémen : les causes d'un divorce annoncé,* Le Figaro, 11 mai 1994, la Documentation Française.

[18] Voir Jean GUEYRAS, *Le Yémen sans étoiles rouges,* Le Monde, 13 juin 1990, la Documentation française.

[19] Cette guerre civile a eu pour effet de décapiter les restes du régime mis en place lors de l'indépendance vis-à-vis des britanniques. Ainsi, « avec l'exil de l'ancien président Ali Nasser et la mort d'Abdel Fattah Ismaïl et de ses amis, on estime que plus de 50 des 75 membres composant le comité central ont péri dans cette guerre civile. Ceux qui ont pris la relève se sont efforcés de remettre sur pied le socialisme scientifique d'Abdel Fattah Ismaïl, mais ne possédaient ni son charisme ni ses convictions, leur mission s'est révélée un

Début 1989, les dirigeants d'Aden entament leur perestroïka, et rejettent le modèle soviétique, le critiquant parfois, à l'image du journal le *14 Octobre* : « Les Sud-Yéménites ont été leurrés par le passé par des slogans creux, des luttes doctrinales et des dogmes qui ont dégénérés en tueries », dressant un bilan calamiteux de cette période, l'auteur de cet article demande « des changements politique et économiques concrets, loin des doctrines figées qui n'ont même pas garanti la nourriture, l'habillement, le logement et les services sociaux élémentaires. »[20]

La presse du parti *Sout el-Oummal* (la voix des ouvriers) affirme que « si les dirigeants ne se prononcent pas pour une véritable démocratie intérieure, leur sort sera identique à certains dirigeants des pays de l'Est. »[21] La chute du mur de Berlin accélère ce démantèlement de l'idéologie socialiste. Toute l'idéologie n'est pas abandonnée pour autant, mais en février 1990, l'approbation d'un document qui constitue la répudiation des idées marxistes marque officiellement l'abandon de l'idéologie socialiste. L'ère du parti unique prend fin avec le retour de la liberté d'expression et la libération de prisonniers politiques. Les commerçants du Nord inondent ceux du Sud, mettant fin à la pénurie alimentaire qui touchait le Yémen du Sud.

Fin des années 1980, les deux États Yéménites connaissent des régimes politiques antagonistes. La République Arabe du Yémen s'oppose au régime socialiste yéménite imposé par le Front National de Libération. Nous sommes confrontés à deux régimes politiques que tout oppose, excepté une caractéristique commune : le tribalisme et son clientélisme. Aussi, cette structure tribale, bien que partiellement détruite au Yémen du Sud par la Grande-Bretagne, sera un facteur non négligeable dans l'histoire politique, économique et sociale yéménite.

échec. » (Jean Gueyras, *Le Yémen sans étoiles rouges,* Centre de Documentation et d'Information Internationale Contemporaine, 13 juin 1990).

[20] *Ibid.* Jean GUEYRAS.

[21] *Ibid.* Jean GUEYRAS.

c. Le tribalisme : variable incontournable de la vie politique yéménite

Au Yémen, comme dans certains pays arabes, le tribalisme est une caractéristique sociétale traditionnelle, base de la société yéménite et régissant cette dernière. Que nous soyons au Yémen du Sud ou au Yémen du Nord, cette structure fait partie intégrante de ce pays, et aucun leader politique ne peut s'y soustraire.

« Du fait que le Yémen soit une société tribale, elle est dotée d'un esprit égalitaire ... Cela en fait une bonne base démocratique. »[22]

Les tribus ont le rôle de balance des pouvoirs vis-à-vis du gouvernement, empêchant ce dernier d'abuser de ses prérogatives, de mettre en place un système trop centralisé et autoritaire[23]. Cependant, elles peuvent aussi permettre à un régime politique de perdurer, à l'exemple du parti du Président Saleh, le GPC, qui a su s'appuyer sur ces dernières avant, pendant et après l'unification pour se maintenir au pouvoir.

Nous allons démontrer ici le rôle vital joué par les tribus au sein du processus politique yéménite, comment ces dernières peuvent influer sur l'agenda politique et comment les politiciens ont su, avec plus ou moins de brillo, jouer des influences de ces dernières pour se maintenir au pouvoir.

1- État-tribal : Qui est qui ?

Le gouvernement yéménite a peu de prise au-delà des zones urbaines. Au niveau de l'arrière-pays, ce dernier doit s'appuyer sur les tribus qui servent de « trait d'union » entre le peuple et le gouvernement central. Cette délégation de pouvoir entraine un flou au niveau des frontières politiques. Dès lors se pose la problématique du contrôle des territoires et des ressources naturelles.

---

[22] *Ibid.* Sarah Phillips, *Tribalism in a weak state,* in "Yemen's democracy experiment in regional perspective" p.89.

[23] *Ibid.*

« Cette ambigüité est le résultat d'un double jeu tribalo étatique au sein duquel l'État manipule le système tribal via la corruption, le patronage, la coercition (...) », dans le but d'asseoir sa légitimité dans les régions reculées du Yémen.

Paul Dresh définit l'État yéménite comme « néo tribal, fondé sur les relations personnelles et la loyauté. » De tout temps, depuis la période de l'imamat jusqu'au gouvernement actuel, les tribus ont été utilisées par les dirigeants pour rester au pouvoir. « Certaines pratiques répertoriées par Paul Dresh expliquent que les Imams, et même le Président Saleh, ont autorisé des tribus puissantes à piller d'autres tribus en échange de leur soutien. Pour un leadership assuré, il faut donc savoir manier coercition, coopération et fragmentation[24]». Tâche peu aisée, comme l'illustre l'échec du Président Ibrahim al-Hamdi (1974-1977) qui, ayant voulu étouffer certaines tribus, s'est fait assassiner. Contrairement à cela, Ali Abdallah Saleh, au pouvoir depuis l'unification, a toujours utilisé de manière subtile patronage, clientélisme, rivalités et fragmentations.

A l'opposé, les tribus du Sud n'ont pas été dominées par des tribus plus importantes (Hashed et Bâkil). Les anglais, dès leur arrivée sur le territoire du Yémen du Sud ont voulu démolir ces structures tribales, obstacles, d'après elle, au progrès social[25]. Cette tâche fut ensuite continuée avec plus de zèle encore sous le régime marxiste. Cependant, malgré toutes ces menées anti tribales, les structures persistent, et sont réactivées dès la réunification du pays, sous l'égide du président Ali Abdallah Saleh.

A l'image du Yémen du Nord, le pouvoir au Yémen du Sud est partagé entre tribus et État. Le gouvernement doit là aussi s'allier avec les tribus pour assurer sa survie. Le pouvoir gouvernemental yéménite est faible hors des centres urbains par conséquent les tribus influent considérablement sur les politiques du gouvernement dans les régions reculées. Le facteur tribal pèse lourd dans les prises de décision politiques (il

[24] *Ibid.* Sarah PHILLIPS.

[25] Voir François CAME, *L'unification à marche forcée,* Libération, 22 mais 1990, La Documentation Française.

a été, par exemple demandé aux tribus de défendre le gouvernement face aux agressions extérieures lors de la guerre civile de 1994, et contre la rébellion Houtis débutée en 2004). Les leaders tribaux sont un lien entre le gouvernement central et les tribus permettant à l'État d'étendre son pouvoir dans les zones rurales. Mais du fait de son double jeu avec le pouvoir tribal, l'État est constamment menacé de risques de révoltes.

2-Insertion des tribus dans le jeu politique : un pari risqué

Bien que centralisé, le système politique yéménite exerce un contrôle indirect depuis Sanaa, dans la partie rurale ou vit la majorité de la population, et son pouvoir reste soumis aux velléités tribales. Aussi, dans le but de neutraliser cette menace, le Président Saleh est amené à faire usage d'un « power stand off, stratégie ou chaque acteur politique tente de réduire le pouvoir de l'autre au risque de mettre en péril la stabilité politique du pays[26] ». En effet, dans le but de maintenir sa stabilité, l'État a délégué juste assez de pouvoir aux acteurs tribaux, mais sans plus, pour éviter de les rendre autonomes, et conserver sa supériorité.[27]

L'État Yéménite joue un double jeu dangereux, en se reposant sur les tribus dont il a besoin tout en les affaiblissant. L'ancien Président Saleh a su faire usage de ces mécanismes pour se maintenir au pouvoir. « Il a miné certains pans du tribalisme comme la solidarité de groupe, tout en promouvant le patronage, source de richesses et de pouvoir. »[28]

Lors d'un discours en 1986, le Président Saleh souligne l'importance du système tribal et son enracinement dans la société yéménite « l'État lui-même fait partie des tribus et le peuple yéménite est un groupement de tribus». Ali Abdallah Saleh a volontairement rétablit certaines structures tribales du Sud démantelées sous le régime marxiste, dans le but d'obtenir de ces dernières une base plus solide pour son pouvoir. Il doit

[26] *Ibid.* Sarah PHILLIPS, p 93.
[27] *Ibid.* Sarah PHILLIPS, p.103.
[28] *Ibid.* Sarah PHILLIPS, p.93.

cependant toujours faire attention à la menace que ces dernières représentent, car elles sont plus armées que l'État lui-même. Le SAS (Small Arms Survey) en 2003 a dénombré plus de 5,58 millions d'armes appartenant aux tribus yéménites et plus de 184 000 armes détenues par les cheikhs de ces tribus contre à peine 1,5 million d'armes détenues par l'État yéménite. La source première de l'autorité reste malgré tout le gouvernement yéménite, cependant, la stratégie qu'il met en œuvre pour se maintenir au pouvoir lui fait jouer un jeu dangereux pouvant mettre à tout moment en péril la stabilité précaire du pays, comme les récents évènements nous l'on prouvé.

Pour tenter d'amadouer les cheikhs tribaux les plus importants, comme expliqué par Sarah Phillips dans son ouvrage : « *Yemen's democracy experiment in regional perspective* », le gouvernement yéménite cède une partie de ses pouvoirs aux tribus situées dans l'arrière-pays. Ce relais confère aux tribus un « rôle d'État dans l'État », dans la mesure où, grâce au gouvernement, elles ont acquis peu à peu une autonomie considérable sur leur propre territoire. Une étude de l'Université de Sanaa démontre que dans la région tribale d'Amran, au nord de Sanaa, les personnes questionnées ont indiqué avoir plus de loyauté envers leur tribu (à hauteur de 70%) qu'envers l'État.

L'importance stratégique de cette autonomie tribale s'illustre aussi dans la volonté de l'Arabie Saoudite à verser de nombreux subsides à ces dernières[29] (à noter qu'elle n'a jamais été un allié du Yémen, excepté lorsque cela l'arrange), particulièrement à la tribu des Hashed, depuis la fin de la guerre civile au Yémen du Nord. Ces sommes d'argent ont été (et sont toujours) versées dans le but d'encourager l'autonomie tribale vis-à-vis du gouvernement yéménite, afin de donner à l'Arabie Saoudite le moyen d'influer sur les décisions politiques du pays. L'explication d'un cheikh est criante de vérité quant aux

[29] On peut aussi noter le versement de sommes d'argent en provenance de l'Arabie Saoudite sur les comptes de haut fonctionnaires yéménites occupant des postes important au sein du gouvernement, on peut citer parmi elles le Sheikh Abdallah (recevait 1,87 millions de dollars saoudiens par mois) et ses fils.

conséquences de la stratégie saoudienne: « Nous avons nos propres règles, et nos propres manières de régler nos conflits internes, et nous voulons que le gouvernement reste en dehors de ces conflits. »

Autre exemple de leur autonomie par rapport au gouvernement : les leaders tribaux ne garantissent pas toujours au gouvernement l'accès aux territoires qui sont sous son contrôle. Le cheikh Abdallah, par exemple, a interdit au gouvernement de construire un local policier dans le gouvernorat d'Amran. « Cette notion de flou au niveau de la détention d'autorité est aussi entretenue par une Arabie Saoudite qui attise les instabilités dans le pays. »[30]

Un Département des Affaires Tribales (D.A.T.) a été créé par le gouvernement, au sein duquel, les cheikhs les plus puissants sont répertoriés, dans le but de leur verser tous les mois, une sorte de salaire (qui varie selon leur importance), ainsi que bien d'autres avantages en nature tels qu'une maison ou une voiture. Le principe de cette mesure est simple, elle vise à éviter tout conflit entre le cheikh et le pouvoir central. Ainsi, « Le D.A.T. fonctionne selon la logique de la carotte et du bâton. Si un conflit intervient entre le cheikh, sa tribu et le gouvernement, le salaire mensuel est réduit ou annulé, si le problème persiste, le gouvernement recoure à la force physique. »[31] Cependant, nous pouvons supposer, eu égard aux récents évènements que ces financements furent bien inférieurs aux financements officieux saoudiens.

Le Yémen est un pays qui se démarque des autres États de la péninsule arabique de par son histoire marquée d'unifications, de guerres civiles et de désunions. Cependant, malgré les régimes politiques yéménites antagonistes, dans la conscience yéménite était ancrée cette volonté de n'appartenir qu'à une seule nation et non à deux États. D'ailleurs, malgré les

[30] Voir Paul DRESCH, *Tribalisme et démocratie au Yémen,* Chroniques Yéménites, n°4, 1994.
[31] *Ibid.* Sarah PHILLIPS, p. 104-105.

frontières, les imbrications Nord/Sud n'ont jamais cessé. Aussi, à l'aube des années 1990, bien que les deux États yéménites soient économiquement minés, nous voyons apparaître une volonté d'unification, précipitée par la découverte de gisements pétroliers à la frontière des deux pays. Heureux hasard, comme si ces derniers étaient finalement faits pour être réunis contre vents et marées.

B. Réunification et instabilités : l'omniprésence des acteurs extérieurs

La découverte de gisements de pétrole à la frontière des deux États yéménites est à l'origine de leur unification. En effet, les risques de voir éclater une guerre fratricide pour le contrôle de ces ressources était inévitable. La seule solution pour enrayer cette crise fut d'unifier le pays, en présentant au peuple les avantages économiques pour le Yémen du Sud d'une part et administratifs pour le Yémen du Nord d'autre part. L'unification permettait au Yémen du Sud (alors en situation de crise économique), de remonter la pente, tandis que le Yémen du Nord bénéficiait du système administratif développé au Yémen du Sud sous la présence anglaise. L'instauration d'une démocratie était une sorte de poing d'honneur à cette unification. Quoi de plus logique que d'unifier deux États, reposant sur un système tribal fort, par la voie démocratique, ou chaque tribu serait représentée et aurait une liberté de parole au nom du peuple yéménite ? Idée séduisante certes, mais rapidement perçue comme dangereuse par les pays voisins du Yémen, notamment le Royaume d'Arabie Saoudite. Ce dernier met dès lors tout en œuvre afin de porter atteinte à cette union en s'ingérant dans les affaires internes du pays, quitte à payer certaines tribus et partis islamistes, tels que le parti Al-Islah afin de déstabiliser le régime démocratique nouvellement en place.

a. Une situation économique stagnante

1-Les espoirs déçus du Yémen du Sud

Cette unité, pour les dirigeants du Yémen du sud, représente une opportunité de faire face aux problèmes internes et externes. Sur le plan externe, Moscou assurait alors plus d'un tiers de ses besoins. La fin de l'URSS et la diminution brutale de l'aide soviétique « passant de 400 millions de dollars en 1988 à 50 millions de dollars en 1989 », porte un coup dur à l'économie yéménite. D'autre part, les envois de fonds des travailleurs émigrés, qui représentaient entre 60% et 70% des revenus extérieurs du pays, ont subi l'effondrement des cours du pétrole en 1984. »[32]

En 1987, le revenu par habitant au Yémen du Sud s'élève à 450 dollars, ce qui en fait un des pays les plus pauvres de la région. Cette nouvelle donne force le Président du Yémen du Sud, Ali Nasser Mohammed, à « pacifier » ses relations avec l'Arabie Saoudite, dans le seul but d'obtenir les soutiens financiers des monarchies du Golfe et des sociétés occidentales.

La fin des aides de l'Ex-URSS au Yémen du Sud, et l'incapacité de ce dernier à remédier à la crise économique qui frappe le pays de plein fouet[33] (entre 20% et 45% de la population yéménite est touchée par le chômage), permet au Parti Socialiste Yéménite (PSY), de se faire le défenseur des classes sociales touchées par la crise, lui permettant au passage d'élargir son corps électoral. Malgré l'unification, les velléités de sécession sudiste persistent. Contrairement à ce qui fut annoncé, sur le plan économique, la mise en place d'un modèle

---

[32] *Ibid.*

[33] La hausse du prix des denrées alimentaires de 50 à 80% en quelques mois a entraîné un mécontentement général, et une révolte contre le pouvoir. Commençant à Taëz, la population s'en pris à l'immeuble de la MECO (Military Economic Corporation Organisation) coopérative d'achats réservée aux militaires de l'armée du nord, la MECO aurait détourné plus de 80 millions de rials de nourriture et de médicaments destinés aux soldats des gouvernorats du sud. Source : *Yémen Times* du 10.12.1992, La Documentation Française.

d'économie libérale a été une vraie catastrophe pour le Yémen du Sud, un tiers des entreprises industrielles d'État, n'arrivant pas à faire face à la concurrence ont dû fermer.

Cette libéralisation des marchés s'est effectuée sans prendre correctement en compte la situation économique du Yémen du Sud. [34]

D'autre part, Aden, n'a pas reçu du gouvernement central l'aide prévue pour relancer les activités de son port (3e port de soutage du monde dans les années 1950), ses habitants se plaignent de ne pas recevoir leurs salaires, velléité, selon eux, de Sanaa pour étouffer le Yémen du Sud.

Le PSY, prenant acte de la grogne populaire, se fait le défenseur des intérêts du secteur public. Les promesses non tenues de la réunification des deux États et la crise économique qui suit cette réunification a eu des effets inverses à ce qui était prévu. Le Yémen du Sud s'est retrouvé lésé face à un Yémen du Nord de plus en plus présent dans sa région.

En effet, la réunification a entraîné une migration des Yéménites du nord vers le sud, ces derniers ont peu à peu formé la nouvelle bourgeoisie du Yémen du Sud, occupant de nombreux postes de l'administration d'Aden. L'arrivée de cette nouvelle classe sociale est rapidement perçue comme une sorte de colonisation du Yémen du Nord, envenimant les rapports déjà tendus entre les deux ex-États.[35]

Un vent d'instabilités souffle dans les premières années 1990, les révoltes sont légion à travers le pays, et sont d'autant plus exacerbées, que l'amélioration économique post-

---

[34] « La libéralisation des prix à la consommation et la suppression des subventions ont entraîné une inflation qui a érodé le pouvoir d'achat déjà faible au Yémen du Sud. Sur le plan social, la régulation par le marché a été perçue comme une agression pour les régions du sud profitant aux habitants du nord » Source : *Ibid. Yémen Times* du 10.12.1992, La Documentation Française.

[35] Voir Claude LORRIEUX, *Yémen : les causes d'un divorce annoncé,* Le Figaro, 11 mai 1994. La Documentation Française.

unification, qui était alors l'un des arguments majeur de l'union, tourne au désastre économique, plongeant le Yémen réunifié dans une situation encore plus critique.

2-Unification partielle et économie en berne

Cette situation de crise semble inévitable tant l'unification des deux États reste partielle. « Chacun gardait son territoire, sa suprématie aérienne, ses moyens de propagande, sa télévision et même son armée. »[36] Au niveau politique la situation est similaire, le PSY conserve les sièges des 6 gouvernorats du Sud, tandis que le parti du Président Ali Abdallah Saleh, allié à Al-Islah, conserve ses sièges du Nord. Le mécontentement des socialistes grandit d'autant plus qu'ils ne peuvent bénéficier du soutien des tribus du sud, dont ils ont contribué à casser le maillage après le départ des anglais d'Aden. Malgré les tentatives de tirer parti de la rivalité entre les tribus Hashed (dont est issu le Président Saleh) et Bâkil, puis, en s'alliant à ces dernières, le PSY ne réussit pas à prendre plus de poids dans la balance politique, exacerbant de plus belle les tensions entre les deux régions yéménites.

Ce sentiment de méfiance d'une région envers l'autre est d'autant plus grand que cette unification est vécue par le Yémen du Sud comme une annexion par le Yémen du Nord, bien plus important sur le plan démographique (10 millions d'habitants nordistes contre seulement 4 millions au sud). « Le Nord a conçu l'unité comme une absorption, non comme un partenariat »[37], il lui faut absorber le Yémen du Sud qu'il perçoit comme un pays de débauche. Pour les cheikhs de Sanaa, la chute du régime rigoureux socialiste a laissé place à un régime trop permissif, avec l'introduction de la démocratisation et de la liberté d'expression, nouveaux mœurs se trouvant être en contradiction avec le mode de pensée du Yémen du Nord, ou le maillage tribal reste vivace, tout comme ses us et coutumes.

---

[36] *Ibid.* Claude LORRIEUX.

[37] Claude LORRIEUX, *Yémen, les causes d'un divorce annoncé,* Le Figaro, 11 mai 1994, La Documentation Française.

En 1991, malgré cette union, les indices économiques restent dans le rouge. Le fossé entre riches et pauvres se creuse et le chômage touche plus d'un quart de la population. Les tensions s'exacerbent et ouvrent une nouvelle période de crise entre ces deux États. L'unification du Yémen représente au départ une planche de salut pour deux États en proie à une situation économique désastreuse. Cependant, politiquement opposés, et démographiquement inégaux, cette union a rapidement été perçue comme une annexion du Yémen du Sud par le Yémen du Nord, faisant ressurgir des tensions que l'on croyait apaisées grâce à cette unification.

« La guerre vient du Nord, la séparation vient du Sud. Le résultat est un immense gâchis pour le Yémen et une énorme désillusion pour tous les yéménites qui restent attachés à leur union. »[38] Ces tensions sont d'autant plus exacerbées que l'Arabie Saoudite a su faire usage des failles de cette union afin de lui porter le coup de grâce.

b. Une relation ambiguë avec le Royaume d'Arabie Saoudite

1-Le Yémen du Nord : tribal et puissant, mais dépendant du Royaume d'Arabie Saoudite

Les tribus du Nord ont toujours été hostiles à l'égard du gouvernement central, s'alliant au fil du temps aux Frères Musulmans, tandis que le Président Saleh, après la réunification du Yémen, tendait vers plus d'autonomie vis-à-vis du Royaume, attitude qui était loin de plaire au Prince Sultan.

Ce dernier n'a jamais dissimulé son hostilité face à l'idée d'un Yémen aux valeurs tribales, réunifié et plus peuplé que le Royaume. Cette hostilité à l'égard de son voisin explique ainsi la politique menée depuis toujours par les saoudiens, œuvrant d'un côté au renforcement du Yémen du Nord, pour qu'il résiste

[38] *Ibid.* Claude LORRIEUX.

à l'influence communiste, tout en le gardant sous sa coupe pour éviter une union avec le Yémen du Sud.[39]

L'Arabie Saoudite voulait aussi garder la main sur les forces armées du Yémen du Nord, perçues comme une menace, tout en excluant, bien sûr, le Yémen de toute organisation politique ou sécuritaire risquant de lui faire acquérir plus de poids au sein du monde arabe.

Ainsi, lors de la guerre Iran/Irak en 1981, et face au danger de l'extension de cette dernière, le Yémen se trouve exclu du GCC (Conseil de Coopération du Golfe), alliance militaire regroupant l'Arabie Saoudite, le Koweït, le Bahreïn, le Qatar et les Emirats Arabes Unis. En réponse à cette mise à l'écart, il rejoint l'ACC (le Conseil de Coopération Arabe) créé par l'Irak, l'Egypte et la Jordanie en février 1982 par Saddam Hussein.

Au départ, les motifs de la création de l'ACC reposent sur le seul intérêt irakien, dans le but de faire pression sur les États du Golfe (Koweït et Arabie Saoudite), obtenir leur aide financière et rétablir l'économie irakienne minée par la guerre avec l'Iran. « Le Président Saleh pensait que l'ACC servirait de balance au poids de l'Arabie Saoudite, il semblerait que ce soit pour cela que le Président Saleh resta au sein de la coalition après l'invasion du Koweït par l'Irak, tandis que l'Égypte avait quitté la coalition pour rejoindre la tête du GCC. »[40]

La politique yéménite est rapidement perçue comme hostile à l'Arabie Saoudite, laquelle répond par l'expulsion de plus de 750 000 travailleurs immigrés yéménites. Détenteurs d'un statut spécial, ils sont désormais traités comme des travailleurs immigrants : il leur faut un permis de travail, et ceux à qui ce permis a été refusé, doivent rentrer au Yémen.

---

[39] Les relations saoudo-yéménites furent marquées par la guerre de 1934, lorsque l'armée saoudienne, sous le commandement du Prince Fayçal avança jusqu'à Hodeïda, et, par le traité de Ta'ëf, força le Yémen à céder à l'Arabie Saoudite les provinces de Jizan, Najran et Asir. Le Yémen a par la suite, toujours condamné l'Arabie Saoudite, revendiquant ses terres passées sous domination saoudienne suite à un accord non légal.

[40] *Ibid.* Claude LORRIEUX.

« Avec l'adhésion du Yémen à l'ACC, et le risque d'encerclement qui en résulte, l'Arabie Saoudite a perçu l'unification des deux États comme une menace additionnelle. »[41] Du temps ou les deux États yéménites menaient une politique antagoniste, et se faisaient la guerre, le Yémen ne représentait en rien une menace pour l'Arabie Saoudite. L'unification des deux États change la donne, fait du Yémen le pays le plus peuplé, et le plus armé de la péninsule arabe. L'Arabie Saoudite doit alors garder un œil sur les deux États, tout en utilisant la dépendance économique du Yémen vis-à-vis du Royaume, et la corruption tribale comme moyen de pression permettant aux saoudiens leur ingérence directe dans les affaires internes du Yémen.

2-Yémen du Sud et corruption Saoudienne

Après la chute de l'Imam en 1962 et la guerre civile au Yémen du Sud (opposant Royalistes et Républicains), l'Arabie Saoudite intervient en faveur des royalistes dans le but d'éviter la mise en place d'un régime républicain en contradiction directe avec les préceptes saoudiens. Pour ce faire, le Royaume corrompt les tribus se battant aux côtés de l'Imam, ce qui lui permet d'avoir une influence constante sur les affaires internes du pays, tout en contrôlant sa politique dans le seul intérêt saoudien. Par cette stratégie, il évite l'installation d'une administration centrale forte conduisant à l'indépendance de la politique yéménite.

L'Arabie Saoudite a par ailleurs octroyé un effort financier non négligeable aux groupes d'opposition comme le FLOSY (Front de Libération du Sud Yémen), sans pour autant réussir à déstabiliser le régime du Yémen du Sud (du moins à l'époque), dont la politique socialiste représente un risque envers la stabilité du régime saoudien. Aussi, lors de la guerre de 1979 entre les deux États Yéménites et suite à l'échec des troupes nordistes, l'Arabie Saoudite apporte assistance au Yémen du

---

[41] *Ibid.*

Nord, dans le but de prévenir d'une éventuelle victoire du Sud.[42]

Mais ce que l'Arabie Saoudite perçoit comme plus inquiétant encore, n'est autre que le processus de démocratisation. La série de lois passée au Yémen du Sud avant l'unification introduisant : multipartisme, pluralisme et liberté d'expression, risquait fort de s'étendre au Yémen du Nord, et ainsi, aux frontières du Royaume où la liberté de presse et d'expression étaient inexistantes.

Or, l'Arabie Saoudite a toujours décrété la démocratie inapplicable aux pays arabes, car non compatible avec l'Islam. Le succès démocratique yéménite risquait de se répandre comme un feu de paille, minant l'idéologie saoudienne, et remettant en cause le pouvoir de la famille régnante.

Cependant, cette avancée politique n'a pas que des mauvais côtés. La démocratisation du Yémen, post-unification, a malgré tout servit la cause saoudienne grâce au pluralisme politique. L'arrivée de nouveaux partis, notamment le parti Al-Islah, donne naissance à des tensions entre : le parti du Président Ali Abdallah Saleh, le GPC, et le parti socialiste yéménite, le PSY. Une nouvelle vague d'instabilités se prépare dès les élections parlementaires de 1993, au grand bonheur des saoudiens, pour qui « pluralisme » et « démocratie » riment avec menace. Le rôle officieux du Royaume dans ces instabilités n'est plus à démontrer, tout comme les liens étroits entretenus entre le parti Al-Islah, les Frères Musulmans, et les dividendes saoudiens versés au parti yéménite islamiste.

L'Arabie Saoudite a toujours été l'élément perturbateur de l'unification du pays en aidant les forces yéménites du Nord (Conservateurs, Islamistes…), tout en faisant en sorte de les garder sous son aile. Aussi, le Président al-Hamdi (1974/1977) et par la suite le Président Ali Abdallah Saleh (1978 à 2012), face à la menace de l'influence saoudienne, ont-ils perçut la

---

42 Guillaume FOURMONT-DAINVILLE, *Géopolitique de l'Arabie Saoudite : la guerre intérieure,* Paris, éd. Ellipses, 2005.

nécessité de normaliser leur relation avec le Royaume, tout en adoptant une certaine indépendance vis-à-vis de ce dernier, indépendance qui reste néanmoins très difficile à mettre en œuvre.

c. Remise en cause de l'unification yéménite

1-Floraison de partis politique : une société lardée de clivages

La reconnaissance d'une expression pluraliste au Yémen a créé un espace permettant à divers nouveaux groupes politiques de se confronter. La Constitution du Yémen unifié approuvée par référendum en mai 1991, explique dans son article 39 que les citoyens « Peuvent librement s'organiser à partir d'objectifs politiques, culturels et syndicaux, l'État devant garantir la liberté aux organisations politiques, syndicales, culturelles, scientifiques et sociales ».

L'apparition de nouvelles revendications met en lumière « une société structurée à partir de clivages nombreux et plus complexes que le simple clivage nord/sud, et l'on voit apparaître des identitarismes locaux très fort. »[43]

Le pluralisme politique et la liberté d'expression ont été les détonateurs de tensions sociales. Les mouvements sociaux ont « su exploiter les virtualités offertes par la naissance d'un espace publique unifié inimaginable auparavant. »[44]

Le référendum pour la constitution est la pomme de discorde qui met à jour les innombrables oppositions au sein du gouvernement. A titre d'exemple, les membres d'Al-Islah voient dans certaines lois de la nouvelle constitution

---

[43] *Ibid.* « On peut citer dans l'ancienne R.A.Y. un clivage oppose la société non tribale des citadins et les paysans de rite chaféite du bas Yémen à la société tribale des deux confédérations (Bâkil et Hashed) de rite zaydite du haut Yémen, cette opposition s'accentue avec les problèmes de propriété de terres. »

[44] Bernard Rougier, *Le Yémen contemporain : Yémen, 1990/1994 : la logique du pacte politique mise en échec*, éditions Khartala.

démocratique, des lois contraires à la charia. Ils ont ainsi obligé le Président Saleh à plier face à la pression du parti, s'attirant en contrepartie les foudres du PSY considérant que les volontés du parti Al-Islah étaient contraires aux principes démocratiques.[45]

2-Revers de l'unification : l'opposition Nord/Sud éclate au grand jour

Cette confrontation ouverte avec le pouvoir souligne le malaise qui règne depuis l'unification. Cette union est non seulement une fuite en avant, mal préparée, pour pallier aux problèmes internes de chaque État yéménite, mais est aussi perçue comme l'absorption du Yémen du Sud par le Yémen du Nord, possédant des avantages démographiques et économiques incomparables avec le Sud.

Aussi, afin d'éviter ce phagocytage, les dirigeants d'Aden cherchent rapidement des soutiens extérieurs. À l'époque, les sudistes doivent faire face à une véritable vague d'attentats (attribués aux nordistes). Cet argument permet aux dirigeants du PSY de dénoncer l'incapacité du gouvernement à assurer l'ordre et le droit. En dénonçant la menace islamiste, le PSY tente d'obtenir le soutien de pays tels que l'Égypte, alors en proie à de fortes violences religieuses, tout en se faisant passer pour la victime d'un complot monté par le parti Al-Islah (avec la complicité du Président Saleh) voué à éliminer le PSY. Cette stratégie sert finalement les intérêts des saoudiens. Le Président Saleh (déjà affaiblit par ses prises de positions pendant la guerre du Golfe), se retrouve isolé, et les sudistes reprennent peu à peu le dessus, sauvés par la distance observée par rapport au dossier Irakien.

Le Yémen, pays autrefois le plus riche et fertile de la péninsule arabe, a joué de malchance au fil de l'histoire. Convoité des grandes puissances pour sa situation de carrefour

---

[45] Pour montrer leur mécontentement, une grève est organisée par le PSY le 1er mai 1991. Ce mouvement est suivit dans toutes les régions du Sud et de l'Est, par un arrêt de travail de 2 heures, *Ibid.* Bernard ROUGIER.

des civilisations, et sa place privilégiée sur la route de l'encens, il a subi les affres des invasions ottomanes, britanniques…

Divisé entre un Yémen du Nord, aux traditions tribales et un Yémen du Sud communiste où ces mêmes traditions furent abolies, les deux États yéménites ont malgré tout toujours eu cette vision d'un Yémen unifié et plus fort.

Le concours de circonstances (économie en berne dans chaque région, et découverte de gisements sur la frontière même des deux Yémen), a permis de réunifier ce peuple et d'amener un souffle d'espoir nouveau pour l'économie du pays, tout en faisant l'expérience d'un régime démocratique unique au sein de la péninsule.

Espoir de courte durée cependant, car cette unification ne fut pas du goût de tous. En effet, son plus proche voisin, l'Arabie Saoudite, garant d'un islamisme pur et opposé à toute idée démocratique qui serait en rupture avec ses idéaux, s'est rapidement senti menacé par cette union. Via divers stratagèmes, l'Arabie Saoudite a tenté de nuire à cette nouvelle union, en jouant un double jeu. Elle veut ainsi garder sous sa dépendance les forces armées du Yémen du Nord, plus nombreuses et plus féroces que les forces saoudiennes, tout en instrumentalisant les révoltes du Yémen du Sud, finançant les tribus et poussant ces dernières à la sécession. Ce tableau politique post unification se répète à l'heure actuelle, et ce, d'une manière encore plus poussée.

L'Arabie Saoudite est en effet en proie à de nombreux problèmes économiques et sociaux qu'elle n'arrive plus à cacher. La fin de l'ère pétrolière et son incapacité à remédier au chômage qui la touche de plein fouet la pousse hors de ses frontières, en territoire yéménite, afin de trouver une solution à ses problèmes.

Partie 2.
L'Arabie Saoudite : entre puissance pétrolière et problèmes internes

L'Arabie Saoudite est un pays dont l'économie repose sur l'exploitation pétrolière (qui représente 80% des revenus de l'État). Le Royaume possède plus de 20% des réserves prouvées de brut, et joue un rôle majeur au sein de l'OPEP [46].

Le bénéfice d'une rente pétrolière a pendant longtemps aidé au développement du Royaume, mais les temps changent. La crise économique mondiale fait ressentir ses effets au sein de la monarchie pétrolière, frappée d'une forte croissance démographique et d'une montée importante du chômage. La jeunesse, non qualifiée pour travailler en entreprise voit tous ses postes occupés par des « non-nationaux », (yéménites, pakistanais, philippins…), et se retrouve au chômage, privée de l'argent de la rente dont avaient bénéficié leurs grands-parents.

Un vent de contestation souffle sur le Royaume Saoudien, qui se doit de résoudre des problèmes vieux de plusieurs années s'il ne veut pas mettre en péril la stabilité et la légitimité de son gouvernement.

Aussi, l'Arabie Saoudite doit régler ses litiges frontaliers et internes, avant de pouvoir réaffirmer sa puissance sur l'intégralité de la péninsule arabique, tout en mettant en place une stratégie qui lui permettra de conserver sa place de leader du monde pétrolier et de répondre à la demande croissante d'énergie de sa propre population.

A. Le géant pétrolier face à ses défis internes

[46] Philippe SEBILLE-LOPEZ, *Géopolitique du pétrole,* Armand Colin, Paris, 2007.

Les contraintes géographiques et les diversités sociales qui composent le royaume posent beaucoup de défis sociaux-économiques à l'Arabie Saoudite, surtout en contexte de crise, dans un pays ou l'économie repose principalement sur les revenus pétroliers.

Ainsi, l'Arabie Saoudite forte de sa place de leader pétrolier mondial et de son désir de dominer toute la péninsule arabique, se voit dans l'obligation de mettre un terme à ses conflits internes, même si les solutions doivent mettre en péril la vie économique de ses plus proches voisins, tels que le Yémen.

a. La « Dutch desease » ou le syndrome hollandais

1-La fin de « l'ère du tout pétrole »

Détentrice de 26% des réserves mondiales de pétrole, l'Arabie Saoudite a fait de sa ressource principale le pilier de son économie. Les bénéfices tirés de cette ressource permettent de moderniser le Royaume (infrastructures, équipements publics, éducation, santé...) tout en stabilisant le pouvoir de la famille Saoud via la redistribution des dividendes pétroliers à ses sujets.

Cependant, en 1998, au cours d'un discours au gouvernement, le Prince héritier saoudien, Abdallah affirme : « l'ère du tout pétrole est révolue ». Les autorités saoudiennes prennent enfin conscience que le pétrole ne pourra pas éternellement régler tous les problèmes sociaux et économiques du royaume. En effet, la forte croissance démographique, couplée à la crise économique, et à l'augmentation du chômage, sont autant de facteurs générateurs de tensions à travers tout le pays.

La situation actuelle contraste énormément avec la situation antérieure. Le premier choc pétrolier de 1973 avait apporté à l'Arabie Saoudite des rentrées d'argent considérables grâce à l'augmentation des prix du pétrole[47], et de 1973 à 1980, on parle même des « Jours de l'abondance ». Le royaume profite de ses bénéfices pour moderniser son pays, construire des infrastructures, assurer sa sécurité extérieure par le versement de dividendes aux tribus frontalières. Les jeunes quant à eux, reçoivent de l'argent de poche et sont assurés d'obtenir un travail dans l'administration à la sortie de leurs études…

Cet ensemble de facteurs permet à la famille régnante d'acheter sa tranquillité sociale et politique. Néanmoins, à partir des années 1990 jusqu'en 2005, le contre coup du choc pétrolier se fait sentir. « La croissance annuelle de la population est deux fois plus rapide que la croissance du PIB[48] », l'effondrement des prix du baril amène l'Arabie Saoudite à adopter une politique de rigueur budgétaire[49]. État rentier, l'Arabie Saoudite est soudain atteint par ce que les économistes appellent la « *dutch desease* », ou le « syndrome hollandais. »

« Le développement et la surexploitation d'une ressource naturelle, constituent la majorité des exportations du pays, nourrissant une bureaucratie d'État et des dépendances improductives. En 2002, le brut et le raffiné représentent plus de 90% des exportations saoudiennes. Le pétrole rapporte tellement de revenus que les autres secteurs deviennent non compétitifs et finissent par disparaître. »[50]

2-Une économie en reconversion

L'Arabie Saoudite doit faire face à une situation de reconversion de son économie. Trop tournée vers le pétrole, elle tente une « saoudisation »[51] de ce secteur, et se diversifie dans d'autres domaines tels que l'agriculture dans la région de l'Asir,

---

[47] En 1973, le revenu pétrolier de l'Arabie Saoudite était estimé à 4,3 milliards de dollars, et passe à 33,5 milliards en 1976 puis à 116,2 milliards en 1981. (Alexei Vassiliev, *The History of Saoudi Arabia,* Saiq books, Londres, 2000.)
[48] *Ibid.* G. Fourmont-Dainville.
[49] *Ibid.* G. Fourmont-Dainville : Les revenus pétroliers de l'Arabie saoudite chutent à 15 milliards de dollars en 1986 et moins de 30 milliards dans les années 1990. (Quotidien saoudien Okaz).
[50] *Ibid.* G. Fourmont-Dainville.
[51] *Ibid.* G. Fourmont-Dainville.

ancien gouvernorat yéménite passé sous souveraineté saoudienne suite aux accords de Taïf.[52]

Ce traité prévoit la cession par bail renouvelable tous les 20 ans des régions de Jizan, Najran et de l'Asir à l'Arabie Saoudite sans pour autant statuer sur la souveraineté de ces territoires ni définir un tracé précis des frontières.[53]

Importante source de revenus agricoles, l'Arabie Saoudite n'a jamais voulu transiger sur les accords relatifs à cette région, qu'elle jugeait plus vitale pour elle que pour le Yémen.[54]

Ce contentieux sera néanmoins résolu par la signature du traité de Djeddah, le 12 juin 2000. En enterrant (du moins superficiellement) la hache de guerre, il permettra de nouer entre les deux protagonistes des relations économiques et commerciales plus fortes.

Pour tenter d'enrayer ce mal hollandais, l'Arabie Saoudite a su, et cela de manière visionnaire, s'emparer de terres stratégiques, appartenant auparavant au territoire yéménite, dans le but d'aider à la reconversion de l'économie du Royaume… Une médaille commémorative, frappée dans les années 1950[55], après la mort du roi Abd el-Aziz Ibn Saoud, montre les prétentions hégémoniques de l'Arabie Saoudite sur la Péninsule Arabique, ce qui rend d'autant plus transparent le double jeu politique saoudien vis-à-vis des pays de cette région.

---

[52] Ces accords furent signés en 1934 lorsque l'Arabie Saoudite et le Yémen, au terme de longues négociations finirent par fixer les frontières délimitant leur pays respectif dans cette région.

[53] En annexe de ces accords figurait une lettre garantissant aux travailleurs yéménites un accès privilégié au marché saoudien. Aucune carte de travailleur ne leur était nécessaire pour travailler sur le territoire saoudien.

[54] C'est la première région à bénéficier des moussons saisonnières de l'Océan Indien (250 mm/an).

[55] Renaud DETALLE, *Frontières externes et délimitation interne du Yémen, essai cartographique et bibliographique.* Chroniques Yéménites, 2000. (http://cy.revues.org/13).

b. Entre chômage montant et jeunesse désœuvrée

1-Le revers de l'ère pétrolière : l'abondance de main d'œuvre étrangère

Autre handicap de ce système, la rente pétrolière a permis aux saoudiens de pratiquer une large politique d'immigration étrangère. En trente ans, le nombre d'étrangers vivant en Arabie Saoudite s'est accru, diluant la population nationale dans une masse de main d'œuvre étrangère. La présence de ces immigrés a augmenté à un rythme plus rapide que celui de la population locale.[56]

Il est important de noter que ce problème ne date pas d'hier. Guillaume Fourmont-Dainville, dans son ouvrage « *La Géopolitique de l'Arabie saoudite* », mentionne une déclaration, du ministre saoudien du Plan, le Shaykh Hishâm Nâzer, dans une interview accordée à la revue *Saudi Business* le 10 aout 1979 : « Chaque Saoudien devrait se fixer pour objectif de remplacer un travailleur étranger. »[57]

Les chiffres exacts sur la population saoudienne ont toujours été difficiles à obtenir, ces derniers pratiquent une certaine censure et une politique de « grossissement » du nombre de saoudiens par rapport au nombre d'immigrés. Des chiffres justes risqueraient de confirmer le poids des immigrés dans l'économie du pays, et pourraient faire ressortir la fragilité démographique d'un Royaume dépendant du travail des étrangers.

« En mai 2004, le Ministre de l'Economie reconnaissait que le Royaume comptait 8,8 millions d'étrangers[58] ». Mais le poids démographique de la population arabe est supérieur à son poids économique.

---

[56] *Ibid.*

[57] *Ibid.*

[58] « 8, 8 million d'expatriés », *Arab News*, 25 Mai 2004.

« Selon les statistiques du Ministère de l'économie et du plan actualisées en 2004, près des deux tiers (67 %) de la force de travail du royaume et, de l'aveu même du ministre du travail et des affaires sociales, le Dr. Ali al-Namlah, près du quatre cinquièmes des actifs dans le secteur privé sont des immigrés, alors que moins du tiers des Saoudiens en âge de travailler ont aujourd'hui un emploi. »[59]

Le problème des travailleurs étrangers n'est pas nouveau. L'Arabie Saoudite a depuis longtemps fait appel à cette main d'œuvre étrangère pour effectuer des travaux que les saoudiens rechignent à exercer. Dès 1973, lors du choc pétrolier, le gouvernement saoudien fait appel à des ressortissants des pays musulmans. Les yéménites, voisins directs du Royaume, font partie de la main d'œuvre la plus nombreuse présente en territoire saoudien. Cette présence d'immigrés dont le nombre a cru à un rythme supérieur à celui de la population locale (essentiellement du fait d'une croissance de l'offre de travail entre 1980 et 1985 de 8%) est perçue, aujourd'hui comme un problème stratégique. Une grande partie d'entre eux sont des immigrés clandestins entrés dans le royaume de manières plus ou moins légales, notamment par le biais d'une pratique que l'on appelle le *sponsoring*, moyen permettant aux non musulmans d'obtenir un travail dans le Royaume[60]. Face à cette recrudescence de sponsorisation et des trafics de visas qui s'ensuivent, le Royaume a employé une politique d'expulsion massive des travailleurs illégaux. Ainsi, en 1997, plus de 400 000 immigrés sont renvoyés chez eux.

Cette immigration, considérée comme perturbatrice pour la stabilité sociale et économique de l'Arabie Saoudite, a malgré tout été utilisée comme instrument punitif vis-à-vis du Yémen

---

[59] À ces travailleurs « immigrés » proprement dits, s'ajoutent encore un certain nombre de leurs proches ce qui fait monter le chiffre total des ressortissants « étrangers » à quelque sept millions, soit 30 % de la population totale du royaume selon le ministre du travail et des affaires sociales, le Dr. Ali al-Namlah, voir : G. Fourmont-Dainville, La géopolitique de l'Arabie Saoudite.

[60] Un sponsor (dit : kâfil), se porte garant pour le travailleur étranger qu'il parraine. Le travailleur obtient ainsi l'*Iqâma* ou droit de séjour.

lors de son soutien au régime Irakien après l'invasion du Koweït en août 1990. Ainsi, le roi Fahd, par décret du 19 décembre 1990, obligera plus de 800 000 yéménites à quitter le pays, plongeant le Yémen dans une crise économique très dure.

« Pourtant, ces immigrés étaient depuis longtemps présents sur le sol saoudien, et libres jusque-là de s'y installer, leur présence n'était pas liée à un permis de travail parce qu'au nom du concept d'*al-umma al-'arabiyya* (« nation arabe ») ils ne relevaient pas de la catégorie d'« étrangers ». »[61] Ils sont toujours plusieurs centaines de milliers à vivre encore aujourd'hui dans le Royaume.

2-Jeunesse saoudienne et marché du travail : incompatibilité ?

« L'immigration a toujours été considérée comme une variable d'ajustement économique et politique. Seulement, l'industrie pétrolière, des bâtiments et des services de l'administration, dépendent maintenant de la main d'œuvre étrangère plus qualifiée que les Saoudiens pour ces travaux. »[62] Les étrangers constituent un quart du corps enseignant, et une plus grande part dans le secteur de la santé publique. En 1995, 84% des médecins, 55% des pharmaciens et 80% des infirmiers étaient étrangers. Le 7ème plan quinquennal (2000-2004), a voulu fixer un objectif de 51% d'immigrés au maximum dans le secteur privé[63]. Les saoudiens devaient constituer en 2001 au moins 31% des effectifs employés dans le secteur privé (au sein des entreprises de plus de 20 salariés), et le nouveau code du travail, achevé en 2001, « dispose que les saoudiens doivent représenter au moins 75% des salariés d'une entreprise. »[64]

---

[61] Voir : O.ARVISAIS, « Les jeunes saoudiens et le marché du travail », in *Moyen-Orient* n°8, Octobre-Décembre 2010.
[62] *Ibid.*
[63] Christophe Deloire, « Le démons de l'Arabie saoudite », in *Le Point*, n° 1597, 25 avril 2003.
[64] *Ibid.* O. ARVISAIS.

Cependant, cette saoudisation se heurte très rapidement à des obstacles, notamment la réticence des saoudiens à se mettre au travail. La jeunesse saoudienne semble peu encline à travailler, et se rêve encore dans la période du choc pétrolier, au cours de laquelle l'argent coulait à flot, et où le travail tranquille ne manquait pas. « Les journées commençaient à 10 heures pour s'achever à 14 heures. Les dividendes de la rente pétrolière permettaient à l'État de distribuer aux étudiants 1500 francs par mois. »[65] Cette période est révolue. La création d'emplois dans le secteur public est bloquée, et le chômage toucherait, selon le Ministère des Affaires Etrangères et Européennes, plus de 11,6% de la population saoudienne en 2009, et le nombre de travailleurs, estimé à 6 922 millions d'actifs, compte 80% d'étrangers.[66]

Cette situation est d'autant plus grave que le Royaume doit se battre avec une croissance démographique forte (un taux de 2,5%, et une moyenne de 4,1 enfants par femme en âge de procréer), et une population jeune, totalement désœuvrée[67]. 35% des jeunes entre 20 et 24 ans seraient touchés par le chômage[68].

Tous les ans, plus de 200 000 jeunes arrivent sur un marché du travail qui ne peut en absorber que 30%. Actuellement, selon les chiffres du ministère des finances et de la planification saoudienne, le taux de chômage actuel est estimé à 11,7%. Cependant, si l'on inclue les femmes et que l'on passe sur la politique opaque du gouvernement saoudien, d'autres études indiquent un taux de chômage oscillant entre 25% et 30%[69].

Il paraît difficile de nier le problème de cette croissance démographique, pendant longtemps sous-estimé pour des raisons religieuses mais aussi politiques, dans la mesure où le Royaume a toujours eu peur d'apparaître comme un État

---

[65] *Ibid.* O. ARVISAIS.

[66] CIA World Factbook « *Saudi Arabia Economy 2010* ».

[67] 38% des saoudiens ont moins de 15 ans ; 2,4% plus de 65 ans. Pour plus d'informations, voir : http://www.danielmartin.eu/Textes/Arabie.htm

[68] *Ibid.*

[69] *Ibid.*

démographiquement faible. Il doit faire face aujourd'hui au contre coup de sa politique de pays rentier, et à la mentalité qui en a découlé. La politique de saoudisation des emplois se voit mise à mal par une jeunesse qui refuse de s'abaisser à travailler pour des emplois pour lesquels ils s'estiment, parfois à tort, surqualifiés.

Aujourd'hui, le royaume d'Arabie Saoudite est un État en déliquescence qui doit trouver des solutions rapides à ses problèmes internes, au risque de voir la stabilité instaurée depuis si longtemps voler en éclats. Tout doit être fait pour répondre à ces impératifs.

L'Arabie Saoudite n'hésitera pas, si cela peut lui permettre d'obtenir son salut, à porter un coup de grâce au Yémen, déjà pauvre et affaiblit par des luttes internes, en le poussant à la sécession dans le but d'obtenir un débouché direct, via le Yémen du Sud, sur l'Océan Indien.

c. Faire face à la fin de l'ère pétrolière

1-Le Yémen du Sud, un accès direct sur l'Océan Indien

La situation actuelle du Royaume est d'une telle urgence qu'il se doit de chercher toutes les solutions possibles et inimaginables pour sortir de la crise. L'une d'elles revient à tirer parti de l'instabilité régnant au Yémen et des velléités sécessionnistes du Yémen du Sud afin d'obtenir un débouché direct sur l'Océan Indien.

En effet, eu égard à la mauvaise gestion de la crise politique yéménite, aux risques – aussi infimes soient-ils - de voir échouer le Bab-el-Mandeb aux mains de l'AQPA, à la rivalité iranienne, dont le potentiel pétrolier tend à concurrencer celui de l'Arabie Saoudite (qui elle, voit ses réserves en hydrocarbures diminuer chaque jour), le Royaume n'a d'autre choix que de trouver une solution rapide à ce déclin qui lui sera tôt ou tard fatal.

Tirer parti des velléités indépendantistes du Sud, parfois en finançant des tribus, permet aux Saoudiens de s'assurer un corridor d'accès direct sur l'Océan Indien.

L'Arabie Saoudite se retrouve en effet victime de la politique de grossissement des chiffres pétroliers, au moment où les occidentaux sont de plus en plus demandeurs en hydrocarbures.

Cependant, cette situation est connue depuis les années 1950. Entre 1974 et 1979, les dirigeants de l'Aramco informaient George W. Bush et Dick Cheney de l'infériorité des ressources pétrolières du Royaume par rapport aux chiffres officiels publiés, et des premiers signes de ralentissement de certains puits saoudiens[70]. Les intéressés ont fait la sourde oreille face à ces allégations, et n'ont pas pris la peine de mettre en place un quelconque plan de remplacement. Cette situation n'a fait qu'empirer avec les années.

Des projections montrent qu'en 2011, l'Arabie Saoudite pourra produire 10,15 millions de barils par jour, ce qui sera en deçà des besoins mondiaux, estimés à 13,6 millions de barils par jour en 2011 et à plus de 19,5 millions de barils en 2020.[71]

Ainsi, la principale ressource économique sur laquelle repose la stabilité de tout le Royaume se retrouve mise en question, et apporte avec elle son lot de soucis, tout en remettant sur le devant de la scène la rivalité irano-saoudienne, qui n'a jamais été réellement oubliée. Il faut ensuite ajouter à cela les risques de plus en plus grands que représente le Bab-el-Mandeb pour les pétroliers (il faut à ce titre rappeler que les attaques de pétroliers au large des côtes d'Aden ont augmenté de plus de 15% en seulement 5 ans, et sont de plus en plus fréquentes et mieux préparées[72]).

---

[70] *Ibid.* H. LAURENS.

[71] *Ibid.* H. LAURENS.

[72] Voir Thomas Pritzkat, *The Hadramî Community in Saudi Arabia and the rationale of investing in the Homeland,* in *Le Yémen contemporain*, Karthala, 1999.

Aussi, un accès direct sur l'Océan Indien permettrait à l'Arabie Saoudite de rassurer les majors pétroliers, tout en lui donnant un accès à de nouvelles ressources naturelles, afin de contrer la baisse de sa production pétrolière.

2-Hadramaout : un Eldorado ?

Depuis toujours, l'Hadramaout a été l'une des régions les plus riches du Yémen. L'agriculture, l'élevage et la pêche font la richesse de ce gouvernorat qui constitue 28,6% de la production nationale de légumes, de fruits et de fourrage, notamment les palmiers, les céréales et autres productions agricoles, qui représentent 5% des productions agricoles nationales. Il est riche en faune marine, en pétrole et autres minerais, notamment l'or[73].

Tous ces aspects font de l'Hadramaout une région stratégique pour la bonne marche économique du Yémen, tout en étant la proie de son plus proche voisin : l'Arabie Saoudite.

Il n'est plus nécessaire de démontrer l'influence omniprésente des saoudiens dans les révoltes du Yémen du Sud. Le versement de dividendes saoudiens via des familles yéménites travaillant à Ryad est aujourd'hui de notoriété publique. La révolte sudiste représente une aubaine pour les saoudiens qui poussent les tribus du Yémen du Sud à la sécession, tout en espérant pouvoir mettre par la suite un pied dans la région. La valeur stratégique de l'Hadramaout a toujours été connue de tous, ainsi, il leur faut obtenir une sorte de concession, comme dans le cas des régions de Jizan, Najran, et Assir, ou encore, s'implanter officiellement dans l'Hadramaout pour bénéficier des richesses du Yémen du Sud.

Par cette observation, nous constatons le double jeu saoudien. D'un côté, ces derniers attisent un feu de révolte au Yémen du Sud, tandis qu'ils doivent apaiser le conflit qui règne à Saada depuis maintenant plus de 7 ans.

---

[73] Voir : *Le gouvernorat de Hadramaout,* Aout 2007, Saba News, Agence de Presse Yéménite. (http://www.sabanews.net/fr/news135263.htm).

B. Sécuriser les frontières pour stabiliser le royaume : Saada, le problème saoudo-yéménite

1-Historique

Depuis juin 2004, le gouvernorat de Saada, au nord du Yémen, est en proie à une guerre fratricide opposant l'armée yéménite et les milices tribales. Les deux parties se sont affrontées à six reprises et, malgré la signature du dernier cessez-le-feu en février 2010 et d'un accord de paix en août dernier, la région n'a pas retrouvé toute sa stabilité. Connue sous le nom de « rébellion houthie », du nom de son premier leader, Hussein al-Houthi tué en septembre 2004, cette guerre civile sanglante ne semble pas trouver de fin.

« La guerre de Saada, récemment mise sous les projecteurs suite à l'intérêt nouveau pour le Yémen, est présentée par le président yéménite Ali Abdallah Saleh comme une question cruciale pour la communauté internationale, principalement dans le but de recevoir un soutien financier de l'extérieur en évoquant un lien entre les rebelles, l'Iran et Al-Qaeda. »[74]

La rébellion des houthis n'est pas seulement une guerre idéologique. « La guerre de Saada est motivée par des raisons sociales, économiques et politiques internes, et acquiert une dimension internationale via les discours du gouvernement yéménite et des médias qui invoquent tour à tour l'ingérence saoudienne, le soutien iranien et les possibles répercussions à un niveau régional, voir, international. »[75]

---

[74] Voir : http://revueaverroes.blog.lemonde.fr/2010/11/28/la-guerre-de-saada-au-yemen-un-conflit-international/

[75] *Ibid.*

2-Le double jeu Irano-Saoudien

Face à ses défis internes, l'Arabie Saoudite souhaite garder sa place de leader de la péninsule arabique et de pilier stratégique de Washington concernant l'approvisionnement en hydrocarbures. Or, depuis quelques années, le Président Ahmadinedjad veut, lui aussi, redonner sa place de leader du monde arabe à l'Iran. Sa politique nucléaire par exemple démontre ses ambitions de domination sur la région. Cette nouvelle configuration fait ressurgir des antagonismes qui n'ont jamais été totalement enterrés malgré les divers accords passés entre les deux protagonistes. Nous allons ici démontrer le double jeu joué tant par l'Arabie Saoudite que par l'Iran, au détriment de la stabilité yéménite.

« La guerre qui fait rage à Saada depuis quelques années doit s'analyser sur fond de rivalité sunnite/chiite entre Arabie Saoudite et Iran, deux puissances rivales qui luttent pour la domination du Moyen Orient. »[76]

L'Arabie Saoudite, bien que puissance pétrolière de la Péninsule arabe, se trouve handicapée par la présence de communautés chiites dans les régions les plus riches en pétroles. Ces dernières ont toujours donné du fil à retordre au gouvernement saoudien. A titre d'exemple, en 1979 et 1980, en pleine révolution iranienne, sous l'impulsion de l'Ayatollah Khomeiny, les communautés chiites du Hasa se sont révoltées, donnant lieu à de sévères répressions de la part de l'armée saoudienne. L'Arabie Saoudite a donc toujours tenté de calmer les ardeurs de ces communautés, car situées dans une zone économique stratégique. Le conflit qui touche Saada inquiète le Royaume, dans la mesure où ce dernier est une poudrière qui pourrait ranimer d'anciennes velléités chiites du Hassa, et provoquer l'indépendance de la région pétrolière la plus riche de l'Arabie Saoudite.

La seule solution pour remédier à ces instabilités probables, est un rapprochement avec l'Iran. L'Arabie Saoudite a réorienté

[76] Laurent BONNEFOY, *Yémen, le Nord en guerre*, éd. SciencesPo, 2010.

sa politique depuis 1998, en se rapprochant de l'Iran. Le Prince héritier Abdallah est le premier à se rendre en Iran, lors d'une visite officielle en 1998, à Al-Ofuf et Al-Qatif, régions chiites. Par la suite, de nombreux accords de coopération économique et stratégique ont été signés entre les deux pays[77]. Nous pouvons analyser la signature de ces accords comme une sorte de partenariat au sein duquel « les deux protagonistes se tiennent par la gorge[78]». En effet, si l'Arabie Saoudite, eu égard à sa situation économique critique, a tout intérêt à maintenir au calme sa minorité chiite en aidant le Yémen à réprimer la révolte zaydite, au cas où celle-ci se répandrait vers les autres communautés, l'Iran, quant à lui, est bien conscient du poids pétrolier du Royaume et de sa promiscuité avec Washington. « Ce rapprochement entre les deux pays a été significatif, lors de l'attaque contre l'Irak, où ils se sont, d'une même voix, prononcés contre Washington et ses volontés d'attaquer le territoire irakien. »[79]

Cependant, même si le royaume d'Arabie Saoudite et l'Iran semblent mener une politique de rapprochement, cela ne reste qu'une politique de façade. Ce qui caractérise leur relation est en fait ce double jeu joué par chacun des protagonistes.

Le 26 octobre 2009, l'arraisonnement d'un bateau chargé d'armes au large des côtes d'Aden, en provenance d'Iran et à destination de Saada soulève en effet de nombreux soupçons quant au rôle effectif de l'Iran dans la guerre du Yémen du Nord.

De même, les agences de renseignement arabes et égyptiennes ont révélé la tenue d'une réunion secrète en novembre 2009, entre les officiels haut placés des Gardiens de

---

[77] Le 17 avril 2001, l'Arabie Saoudite et la République Islamique d'Iran signent un accord de coopération et de sécurité. Le 31 décembre 2001, un autre accord portant sur la sécurité, le commerce et la politique étrangère est signé entre les deux partis… les traités passés entre les deux pays depuis 2001 sont légion et démontrent une volonté apparente de coopération des deux puissances régionales, Laurent BONNEFOY.

[78] *Ibid.* Laurent BONNEFOY.

[79] *Ibid.* Laurent BONNEFOY.

la Révolution Islamique, le Hezbollah et les militants chiites d'al-Houti, basés au Yémen, pour organiser et coordonner une nouvelle stratégie, destinée à faire escalader le conflit à la frontière du Yémen et de l'Arabie Saoudite[80].

Ces derniers n'ont pas abandonné leur désir de domination de la péninsule arabique, tout comme les saoudiens. Ainsi, aider la communauté chiite de Saada (bien qu'elle possède des coutumes bien différentes de celles des chiites iraniens) ne ferait que servir les intérêts officieux de la République islamique d'Iran.

D'autre part, les dernières révélations du site Wikileaks sur la politique mondiale et Saoudienne met aussi à jour le double jeu de l'Arabie Saoudite qui, malgré un rapprochement de façade avec l'Iran, a demandé à Washington de lancer une attaque contre ce dernier, perçu par le Royaume comme une menace pour la remise à flot de son économie.

Le potentiel iranien, rivalisant avec celui du Royaume, pourrait remettre en question la domination de la famille Saoud, qui s'enlise dans les problèmes économique de son pays.

Le Yémen, conscient de ces enjeux, a plusieurs fois rappelé le rôle déstabilisateur de l'Iran, en réclamant la rupture des relations diplomatiques avec Téhéran. Le vice premier ministre de l'époque, Rashid al-Alimi, chargé du secteur de la sécurité a d'ailleurs déclaré au cours d'une interview : « La révolte houtiste possède un agenda iranien ». Ainsi, « en montrant à Washington que Ryad n'est pas capable de garder stables ses régions pétrolières stratégiques, l'Iran espère éviter certaines sanctions de l'ONU portant sur l'exploitation de son pétrole envers les pays occidentaux, les pays de l'ONU ont trop besoin

---

80 Mahmoud, Khaled, "Intelligence services detected a secret meeting in Yemen between senior official in the Iranian Revolutionary Guard and leaders of the Houthis and Hezbollah," *Asharq Al-Awsat*, Dec. 13, 2009: http://aawsat.com/details.asp?section=4&article=548357&issueno=11338

du pétrole iranien, dont l'approvisionnement passerait pour plus sûr et stable, pour répondre à la demande occidentale. »[81]

La révolte de Saada revêt un caractère complexe où les intérêts économiques iraniens et saoudiens priment sur la stabilité du Yémen déjà en proie à de nombreux problèmes. Cet amalgame d'intérêts ne fait qu'étendre l'instabilité aux régions voisines de Saada. Nous pouvons nous étonner aussi de la fonction de médiateur, dévolue à Fares Manna, l'un des plus grands marchands d'armes yéménite, pour lequel ce conflit représente une aubaine financière[82].

Nous pouvons dès lors mettre à jour le double jeu de l'Arabie Saoudite au niveau du Yémen, en démontrant comment ces derniers gardent leurs amis près d'eux, mais leurs ennemis encore plus près.

Autrefois grande puissance pétrolière, l'Arabie Saoudite voit aujourd'hui sa stabilité mise en péril, se trouvant confrontée à l'épuisement de sa ressource économique principale, et la montée du chômage, problème auquel elle peut difficilement pallier eu égard à la mentalité rentière très fortement ancrée dans les esprits des jeunes générations.

Les seules solutions sont donc de trouver de nouveaux secteurs de développement en se tournant vers l'agriculture dans les régions de Jizan et Najran, les énergies renouvelables, ou encore en poussant le Yémen vers une nouvelle division, ce qui lui ouvrirait un accès direct sur l'Océan Indien en cas de blocage du Bab-el-Mandeb si le Yémen devenait un État faillit. Cette politique lui permettrait aussi d'avoir accès à la région la plus fertile du Yémen : l'Hadramaout, reconnu depuis des siècles comme la partie la plus riche de la péninsule arabique (ressources minières, gazières et pétrolières). Dans ce contexte, la stratégie saoudienne de déstabilisation/stabilisation de l'État yéménite se heurte à la rivalité iranienne, ancienne puissance qui veut retrouver sa place d'antan.

---

[81] *Ibid.*

[82] *Ibid.* Laurent BONNEFOY.

Ainsi se déroule au Yémen un combat entre deux puissances : l'une sur le déclin et l'autre qui souhaite reconquérir sa place. Mais les enjeux yéménites ne se résument pas à cette seule rivalité, car entre en lice un troisième acteur qui n'est autre que les États-Unis, qui doivent eux aussi, faire face à une pénurie majeure de ressources pétrolières.

Partie 3.
Les Etats-Unis face aux nouveaux défis, un besoin vital de contrôler le détroit du Bab-El-Mandeb

Hyper puissance de ce millénaire, les États-Unis comptent bien garder leur place de leader mondial. Pour ce faire, ils doivent répondre aux défis vitaux qui se présentent à eux. Le poids prépondérant de sa politique énergétique au niveau mondial, et la situation de pénurie qu'il affronte depuis les années 1970, ont des répercussions sans commune mesure au niveau géopolitique planétaire.

En effet, confrontée à une pénurie énergétique, cette puissance tente par tous les moyens de répondre à la demande croissante de sa population, quitte à faire exploser des stabilités déjà précaires dans certaines régions du globe.

Ainsi, au fil de cette partie, après avoir décrit l'importance des enjeux énergétiques pour les États-Unis, nous verrons par quelle stratégie ces derniers comptent remédier à cette situation et quelles en sont les conséquences pour le Yémen, situé sur l'un des points les plus stratégiques de la route des hydrocarbures.

A. Une politique moyen-orientale guidée par les enjeux énergétiques

En mai 2001, le Président Bush a commandité un compte rendu sur la situation énergétique des États-Unis. Dirigé par Dick Cheney, le *National Energy Policy* (NEP) dépeint une situation de pénurie énergétique à laquelle est soumise la première puissance mondiale.

Face à cette situation, le rapport tente d'apporter des solutions et de nouvelles stratégies dans le but de développer une politique énergétique nationale, destinée à aider le secteur privé et l'État.

a. Les États-Unis : première puissance mondiale, mais gouffre énergétique

1-Une crise énergétique de taille

Depuis 2001, les États-Unis doivent faire face aux plus importants déficits énergétiques connus depuis la crise de 1970. La consommation de pétrole, suit la croissance démographique et le train de vie des américains, qui ne font qu'augmenter. Cette demande croissante ne se trouve qu'en partie satisfaite par la production américaine, et les avancées technologiques ne sont pas suffisantes dans ce domaine pour que l'Amérique puisse faire face seule à ses défis énergétiques.

« Les pipelines et les raffineries ont grand besoin d'être réparées et développées (...) mais malgré les efforts de modernisations de ses structures, l'Amérique aura besoin de toujours plus d'énergie. »[83]

Selon les estimations de la NEP, durant les 20 prochaines années, le taux de consommation de pétrole des États-Unis va augmenter de 33%, tandis que celui de consommation du gaz naturel pourrait augmenter de plus de 50%. Si la production énergétique américaine continue d'augmenter au même rythme que celui des années 1990, il y a un risque accru de pénurie énergétique, d'autant plus accru que les États-Unis produisent aujourd'hui 39% de moins d'énergie qu'en 1970[84].

Cette baisse dans la production interne, compensée par une croissance des importations[85], notamment en provenance des pays du Golfe, affaiblit l'Amérique, d'autant plus que cette dépendance s'effectue vis-à-vis de partenaires étrangers qui sont parfois anti-occidentaux, et anti-américains, profitant de

---

[83] Rapport du Groupe National sur la Politique énergétique : "*National Energy Policy*", mai 2001, 170p.

[84] *Ibid.*

[85] 2 barils sur 3 sont importés.

leur position de supériorité pour augmenter les prix du baril (passé de 8,03$ en 1998 à 75,32 en 2010[86]).

2-Le prix d'une croissance trop importante et d'une politique énergétique inexistante

La dépendance des États-Unis aux importations est la conséquence d'une politique énergétique jusqu'à aujourd'hui quasi inexistante. Ainsi, entre 1990 et 2000, les américains ont consommé 17% d'énergie supplémentaire par rapport à la décade antérieure, tandis que sur cette même période, le taux de production d'énergie domestique n'a augmenté que de 2.3%. Plus inquiétant encore, d'ici 2020, la consommation d'énergie augmentera de plus de 32%. Ainsi, tant qu'aucune politique énergétique ne sera mise en place, la population américaine continuera de sentir les effets d'une pénurie de pétrole (coupure électriques, factures plus chères…).

Concernant le gaz naturel, sa consommation sous forme électrique est appelée à augmenter, selon le rapport NEP, de 33% d'ici 2020. Ce gaz naturel représente plus de 24% de l'énergie totale consommée aux États-Unis. Les importations de gaz sont passées de 5% en 1987 à 15% en 2000. En 2009, la situation est inquiétante : les États-Unis n'ont produit que 593,4 millions de mètres cubes de gaz, production inférieure à la demande (646,6 millions de mètres cubes). L'augmentation de la demande future étant prévue dans tous les secteurs (industrie, domestique, commercial, résidentiel….), l'insuffisance de la production nationale ne pourra pas répondre à ces besoins, selon les projections du rapport NEP. Il faut donc que les États-Unis trouvent de nouvelles sources d'approvisionnement ou renforcent leurs alliances chez les pays producteurs (pays du Golfe, Montagnes Rocheuses, Alaska, Golfe de Mexico….) et sécurisent les routes pétrolières.

Le pétrole représente la source primaire d'énergie utilisée par les États-Unis, et dessert plus de 40% des besoins du pays. Depuis les années 50, les États-Unis sont de gros importateurs

[86]http://bourse.capital.fr/matieres-premieres

de pétrole, et leur dépendance aux importations n'a fait que croître pour atteindre en 2001, 89% des importations énergétiques.

Cependant, il faut noter une diminution dans la consommation de pétrole. En effet, selon les chiffres du rapport de la NEP, depuis les années 1970, le nombre de barils consommés par jour a diminué de 20%. En 2000, les États-Unis ont consommé 19,5 millions de barils par jour et en 2009, 18,69 millions de barils par jour[87].

Cette diminution de consommation s'explique par l'augmentation notoire des prix du brut, le baril est passé de 8,03$ en 1998 à 30,30$ en 2000 pour atteindre actuellement 75,32$ en 2010. La crise économique et la dépendance aux importations américaines sont des handicapes majeurs pour la bonne croissance de l'économie. En effet, en 2009, les américains produisent seulement 9,056 millions de barils par jour[88] pour une consommation journalière de plus de 18,69 millions de barils. Il leur faut importer 13,47 millions de barils par jour[89], chiffre amené à croître dans le temps comme le démontrent les tableaux prévisionnels. Or, l'instabilité des prix, passés de 8,03$ en 1995 à 75,32$ en 2010, couplé à la crise économique mondiale et à l'augmentation de la demande, font peser une pression non négligeable sur les épaules de cette grande puissance.

Il leur faut adopter une nouvelle stratégie pour répondre à ce défi de taille, renforcer les alliances avec les pays producteurs, trouver de nouveaux horizons, sécuriser les routes des hydrocarbures, quitte à transformer radicalement le paysage géopolitique moyen-oriental, et diviser des pays politiquement instables dans leur seul intérêt.

---

[87] CIA World Factbook.
[88] World CIA Factbook estimations 2009.
[89] World CIA Factbook estimations 2009.

b. Renforcer les alliances dans le Golfe et sécuriser les routes des matières premières stratégiques

1-Trouver de nouvelles sources d'approvisionnement

Dans le but de renforcer leurs alliances et de sécuriser leurs routes d'approvisionnement en matières premières stratégiques, les États-Unis vont mener une politique d'ouverture des marchés pétroliers. Il s'agit d'attirer les compagnies pétrolières échaudées par les nationalisations des années 1970 et qui ont, depuis, refusées de s'implanter dans les zones sensibles.

Le gouvernement américain a bien pensé à régionaliser ses approvisionnements, via le Venezuela, le Canada, le Mexique... Mais les apports restent insuffisants. A partir de là, il leur faut élargir leur sources d'approvisionnement, notamment avec les pays du Golfe. Cette région est devenue, avec le temps, incontournable pour les États-Unis, et devrait fournir entre 54% et 67% du brut et du gaz mondial.

Dans cette optique, des négociations sont menées dans le but d'augmenter la production et le volume des pays producteurs de brut et de gaz, ainsi que pour trouver de nouveaux fournisseurs, tout en faisant en sorte que révolutions, insurrections et autres instabilités ne troublent pas les approvisionnements en pétrole.

Or, la plupart des réserves sont présentes dans les pays politiquement instables, et en proie à des conflits internes, et cette politique américaine d'augmentation des approvisionnements pétroliers ne fait qu'augmenter violences et résistances dans les régions productrices de brut et de gaz.

Dans le but d'augmenter la sécurisation de l'énergie, la crédibilité des États-Unis doit être réaffirmée par-delà les mers afin de rétablir de fortes relations avec les détenteurs des principales ressources pétrolières, investir sur les territoires producteurs, ouvrir de nouveaux marchés et sécuriser les routes. Cette perspective explique la politique américaine menée depuis quelques années déjà, notamment au niveau de la région moyen orientale. D'ici 2020, les États-Unis devront importer plus de 64% du pétrole, majoritairement des pays du Moyen-Orient, et pour que ces importations se fassent sans accros et à moindre coût, il leur faut sécuriser les routes pétrolières et gazières.

2-Sécuriser les principales routes des matières premières stratégiques

Cette sécurisation des routes maritimes représente un enjeu majeur pour l'approvisionnement énergétique des États-Unis. En effet, deux tiers du pétrole brut sont acheminés quotidiennement par tankers, et doivent passer par des détroits, aussi appelés goulots d'étranglement, difficilement contournables au niveau de la circulation mondiale des hydrocarbures. Ces détroits, facilement blocables, peuvent devenir des cibles de choix pour tenir cette puissance en otage au niveau énergétique.

L'une de ces routes passe notamment par le Bab-el-Mandeb, situé entre l'Erythrée, le Yémen et Djibouti. Il contrôle l'accès à la Mer Rouge et au Canal de Suez pour le brut en provenance du Golfe Arabo Persique, à destination de l'Europe et de la côte Est des États-Unis.

L'importance stratégique de cette région s'illustre de par la présence de bases militaires au sein de ces pays. Ainsi, Djibouti, depuis son indépendance en 1977 abrite une base militaire, forte de 2735 militaires, mais depuis 2002 s'est ouverte une base américaine sur ce même sol, forte de 1500 GI's, Marines, Forces spéciales, et CIA en liaison avec la Task force internationale maritime qui patrouille en Mer Rouge et dans l'Océan Indien. Ainsi, Djibouti profite des largesses du gouvernement américain prêt à tout pour contrôler la Corne Africaine.

3,5 millions de barils de brut traversent tous les jours ce détroit qui commande aussi l'accès au Canal de Suez. La fermeture du Bab-el-Mandeb obligerait les navires à rallonger leur route pour contourner l'Afrique par le Cap de Bonne Espérance, entraînant des impacts considérables sur les coûts des marchandises. La sécurisation de cette région et de ce détroit sont d'autant plus importants, que cette zone est le lieu d'un contentieux territorial entre l'Erythrée et le Yémen, sur la souveraineté des îles Hanish[90]. Les terminaux pétroliers ont d'ailleurs vu leur sécurité renforcée dès 2002, suite à l'attentat contre le pétrolier français Limbourg, et suite à l'augmentation des vagues de piraterie en haute mer visant principalement les gros pétroliers.

Il est donc crucial pour les américains de prendre le contrôle total de ce point stratégique. Déjà présents au niveau de l'Afrique de l'Est (Djibouti, Erythrée, Somalie) il leur faut consolider la sécurisation de cette route des matières premières stratégiques en s'implantant aussi au Yémen, au niveau d'Aden et du Bab-el-Mandeb. Leur présence officieuse n'est déjà plus un secret, et les derniers gestes américains (notamment l'envoi de drones prédators pour aider l'armée yéménite à chasser les partisans de l'AQPA, ou encore l'augmentation des aides humanitaires à destination du Yémen) montrent une volonté des États-Unis de vouloir s'insérer dans les affaires de l'État Yéménite, un processus somme toute assez similaire au champ afghan, la guerre en moins… pour le moment.

Le rapport sur la politique énergétique américaine forme donc la trame de fond du programme politique et sécuritaire des États-Unis, met en exergue la nécessité d'un repositionnement des forces américaines dicté par la pure stratégie énergétique[91]. Nouvelle stratégie qui ne fait que renforcer la politique interventionniste des États-Unis, et qui, à terme risque d'entraîner des répercussions plus que néfastes pour la première puissance du monde.

---

[90] Ces tensions ont entraîné quelques escarmouches entre les deux pays en 1995 et 1996.

[91] M. Klare "Resource Wars: The new Landscape of global conflicts and the forth coming petro-politics", Metropolis books, 2004.

c. Redéploiement stratégique des États-Unis : le Yémen nouvelle cible sous couvert de la lutte anti-terroriste

Les importations pétrolières étant devenues de plus en plus couteuse pour les États-Unis, eux même de plus en plus dépendant du pétrole importé, il est nécessaire pour ces derniers de renforcer leur présence dans les pays exportateurs et au niveau des points névralgiques du transport des matières premières stratégiques.

Pour ce faire, ces derniers vont redéployer leur bases dans les régions vitales du globe. Dans le cadre de ce redéploiement, le Yémen est la cible suivante, après l'Irak et l'Afghanistan.

1-Un prétexte en cache un autre

Le prétexte de la présence de camps d'entrainement terroristes sur le sol yéménite permet au gouvernement américain de préparer un éventuel plan d'attaque contre ce pays dit dans «l'axe du mal ». En effet, en proie à moult luttes internes (révoltes multiples au Sud pour une nouvelle sécession du pays, guerre de Saada…), le Yémen, est placé sur un lieu stratégique de la route des matières premières énergétiques en provenance des pays du Golfe. Or, d'ici 2020, les pays du Golfe sont amenés à fournir entre 54% et 67% du brut mondial[92], il est ainsi vital pour les États-Unis de sécuriser ce chemin, surtout depuis qu'ils ont fait les frais de la puissante influence de l'OPEP sur les prix du pétrole. Depuis cette forte augmentation des prix, les États-Unis ont fait de la politique sécuritaire pour l'énergie, une priorité pour le commerce et la politique étrangère.

La rareté des ressources, l'augmentation des prix du baril et de la demande ne font que renforcer la compétition entre les pays grands consommateurs, ou appelés à le devenir : États-Unis, Chine, Inde.

[92] Éstimations selon le rapport du NEP.

La quête de sécurisation de la route des matières premières stratégiques au niveau du Bab-al-Mandeb se trouve favorisée par le contexte politico-sécuritaire actuel. L'axe de la lutte américaine contre la prolifération des armes de destruction, le terrorisme, l'expansion de la démocratie (...) va de pair avec sa quête des hydrocarbures, et donne naissance à une sorte de cercle vicieux, ou l'installation des forces américaines dans le cadre d'une lutte contre le terrorisme entraîne un regain de violence, suivit d'une intensification de la présence des forces militaires américaines sur le territoire dit « terroriste » et ainsi de suite.

2-Un redéploiement militaire focalisé sur la sécurité des routes pétrolières

Ce redéploiement des bases américaines au niveau mondial et plus spécifiquement Moyen Oriental, est expliqué dans le rapport du « *Defense Base closure and realignment comission* », (BRAC). Ce rapport indique un redéploiement militaire au niveau des foyers de tension. Les grandes bases sont fermées (97 bases au total), tandis que les plus petites, sont présentent dans 59 territoires, et des accords formels sont passés sur des installations de bases et de contingents temporaires dans 93 pays. Il est important de remarquer que le redéploiement de ces bases s'effectue à proximité des bassins d'hydrocarbures et des points d'appui sur les routes mondiales du pétrole[93].

Le Yémen, dans le cadre de cette politique, semble une future victime de ce redéploiement de forces américaines. En 1977 déjà, un rapport du think-tank américain *Heritage Foundation* démontrait l'importance stratégique de l'Océan Indien et du détroit de Bab-el-Mandeb pour le commerce pétrolier, et le besoin primordial du gouvernement américain de contrôler cette route des hydrocarbures, en renforçant les liens diplomatiques avec les pays littoraux[94]. Un nouveau rapport de

---

[93] Voir Philippe Sébille-Lopez, « Géopolitique du Pétrole », Armand Colin, p.84/85.

[94] Voir : the Heritage fondation rapport du 14 juin 1977, "*The Indian Ocean : its significance for U.S. foreign policy*"

ce même groupe de pensée, paru le 14 mai 2007, rédigé par Ariel Cohen (républicain sioniste, reconnu pour ses analyses visionnaires[95]) mettait en lumière la nécessité des États-Unis à renouer des relations stratégiques avec les pays du Moyen Orient, et plus particulièrement l'urgence de s'instaurer dans les pays voisins du détroit du Bab-el-Mandeb, point stratégique du globe et prioritaire pour contrôler les accès des transferts pétroliers.

B. Une vision purement stratégique du Yémen

« Le Yémen est un État faible et décomposé, situé dans un espace convoité, subissant le poids des ingérences de son environnement direct ou lointain ». (G. Salamé[96])

a.Un pays pauvre et marginalize mais stratégiquement situé

1-Les États-Unis « placent leurs pions »

Le Yémen est un petit pays extrêmement pauvre qui a le malheur d'être pris en étau entre la plus puissante monarchie pétrolière du Golfe, l'Arabie Saoudite, et le riche sultanat d'Oman.

Riverain de la Mer Rouge et de l'Océan Indien, sa place lui confère plus de 1950 kilomètres de côtes (450 kilomètres au Nord du Bab-el-Mandeb et 1500 kilomètres sur le Golfe d'Aden), et lui permet de contrôler la partie Nord-est du Bab-el-Mandeb, détroit par lequel passe quotidiennement 7% du trafic pétrolier maritime.

---

95 A. Cohen a par exemple averti les États-Unis de l'effondrement économique russe 9 mois avant la crise, tout comme il avait averti le gouvernement américain du danger des ambitions nucléaires iraniennes.

96 Directeur de recherche au CNRS (Ceri) et professeur à l'Institut d'Études politiques de Paris.

Le Yémen fait face à Djibouti, pays pauvre, mais aussi stratégiquement placé sur la route des hydrocarbures, et à la Somalie, considéré comme un État faillit. Ces deux pays, placés sur la route des matières premières stratégiques, représentent une aubaine pour la puissance ayant les moyens de les contrôler à distance.

Or, comme nous l'avons vu précédemment, les États-Unis doivent faire face à un énorme déficit énergétique qui risque de se creuser dans les années à venir. Pour pallier à ce problème, une seule solution : contrôler et sécuriser la route du Golfe par laquelle passent la majorité des importations vers les États-Unis. Nous remarquons dans cette région la présence progressive de troupes militaires américaines.

Ces derniers ont ouvert à Djibouti une base militaire en 2002 comptant presque autant de GI's américains que de militaires français[97] (donnant naissance de manière ouverte à une rivalité franco-américaine en territoire Djiboutien).

Ces derniers ont pu ainsi mettre la main de manière indirecte sur les affaires internes des pays de la Corne d'Afrique. A titre d'exemple, la réélection du président Djiboutien Ismael Omar Guelleh à partir de listes électorales datant de 1977 n'a aucunement soulevé les critiques de Washington[98], alors que cette situation aurait attiré les foudres du gouvernement américain dans d'autres pays.

De ce fait, les américains contrôlent la partie Ouest du Bab-el-Mandeb, il ne leur reste plus qu'à en contrôler la partie Est, en s'implantant au Yémen. Ils auront ainsi les pleins pouvoirs sur cette route des matières premières stratégiques, la Mer

---

[97] Voir le monde diplomatique février 2003.

[98] Le 23 mai 2010, la visite du président djiboutien Ismael Omar Guelleh à Washington a permis de renforcer les liens entre les deux pays. En effet, au cours de son entretien avec Joe Biden, de nombreux projets de développement économiques initiés dans les secteurs hôteliers, portuaires et touristiques ont été entérinés entre les deux parties. (Voir djibnews.com/djibnews/index.php?option=com_content&task=view&id=1097 &Itemid=31

Rouge, en cas de dégradation du contexte géopolitique et économique pourra devenir une mer fermée, ce qui donne une importance nouvelle à la présence américaine dans cette région. Leur ravitaillement en brut se trouverait sécurisé du fait de leur implantation de part et d'autre de la principale route maritime des hydrocarbures.

Pour que les États-Unis puissent s'implanter au Yémen, il leur faut de solides raisons, arguments que leur offre la lutte anti-terroriste, la présence de camps d'entraînements au Yémen et la formation dans ce même pays, de futurs terroristes.

2-Présence américaine officieuse : lorsqu'Obama joue entre la CIA et l'aide humanitaire pour s'implanter en pays « ennemi »

La présence américaine officieuse au sein du Yémen n'est plus à démontrer. Tout comme en Afghanistan, les américains ont ouvert en 2007 un bureau de la CIA en plein centre de la capitale. Même si aucun document officiel ne l'explique, les actes des agents de la CIA au sein du pays sont légion. Ils s'insèrent peu à peu dans les affaires internes du pays, œuvrant de concert avec l'Arabie Saoudite, jouant la double carte de la déstabilisation et de l'aide à la pacification.

Officiellement, Washington prône une politique de coopération avec le Yémen dans la lutte contre le terrorisme, aide à la formation et à l'équipement des forces de sécurité et de partage de renseignements[99]. Selon le porte-parole du département d'État américain, Ian Kelly, l'administration Obama souhaite que l'assistance étrangère au Yémen atteigne 63 millions de dollars en 2010, soit une augmentation de 56% par rapport à l'aide de 2009[100]. L'aide américaine au Yémen est une priorité de Washington, car, comme l'a souligné Gordon Brown lors de l'un de ses discours, le Yémen « incubateur et

---

[99] Yu Zhongwen, « Washington et Londres conjuguent leurs effort dans la lutte antiterrorisme au Yémen. », Xinhua News-Agency-French, 7 janvier 2010, la Documentation Française.

[100] *Ibid.*

refuge potentiel pour le terrorisme, représente une menace régionale voire mondiale. »[101]

L'intensification de l'aide américaine est à rapprocher avec cette volonté (non dite) de Washington de mettre la main sur la politique interne du Yémen, et de s'infiltrer dans les hauts lieux du pouvoir yéménites, pour, à terme, contrôler ce pays stratégiquement situé sur la route des matières premières énergétiques. Ainsi, la rencontre de la secrétaire d'État américaine, Hillary Clinton, jeudi 21 janvier 2010, avec son homologue Abou Bakr Abdallah al-Qirbi, au cours de laquelle fut réitéré le soutien inconditionnel de Washington à la lutte yéménite contre le terrorisme : « Afin de combattre la menace croissante, les États-Unis vont intensifier leur coopération avec le Yémen sur la sécurité et le développement. Le Yémen a montré sa volonté et sa capacité à prendre des mesures contre Al-Qaeda et d'autres groupes extrémistes, et les États-Unis saluent ces actions. »[102]

L'administration Obama a cependant bien confirmé qu'elle n'ouvrait pas officiellement de nouveau front contre le Yémen, étant donné son engagement dans les guerres d'Afghanistan et d'Irak, mais cela ne l'empêche pas d'envisager d'éventuelles frappes aériennes. En effet, en représailles contre l'attentat manqué du jour de Noël sur un avion américain, deux responsables américains ont déclaré se préparer pour le cas où le Président Obama ordonnerait des frappes de représailles[103]. Ainsi, bien que le Yémen n'ait pas donné son accord concernant les opérations des forces spéciales américaines, qui coopèreraient au sol avec pour mission de capturer d'éventuels suspects afin de les interroger, « les forces spéciales américaines et les services de renseignements yéménites se sont

[101] Déclaration du Premier Ministre lors de la conférence internationale sur le Yémen.

[102] Déclaration d'Hillary Clinton, après son entretien avec le Secrétaire d'État yéménite Abu Bakr Abdallah al-Qirbi, le 21 janvier 2010.

[103] AFP, « Les États-Unis et le Yémen envisagent des frappes aériennes au Yémen », Washington, 30 décembre 2009.

attelés à l'identification de cibles potentielles d'Al-Qaeda au Yémen[104] ».

Ayant pris conscience de leurs erreurs antérieures, les États-Unis, sous l'égide de Barack Obama et de sa nouvelle administration, ont fait usage d'une nouvelle stratégie, plus soft, basée sur l'intensification de l'aide humanitaire et de la lutte indirecte contre l'AQPA, persuadée que cette nouvelle façon de faire l'aidera à prendre les rennes, de manière indirecte bien sûr, de la politique yéménite, tout comme elle l'a fait pour les pays africains côtiers de la mer Rouge (Djibouti, Somalie, Erythrée…). Cependant, les élections américaines de mi-mandat, et le revirement de la majorité au profit des républicains, pourrait remettre en cause cette première stratégie, au profit d'une nouvelle ligne politique plus dure, du fait d'enjeux énergétiques de plus en plus vitaux pour la puissance américaine.

b. Un État dans l'axe du mal : quand la lutte anti-terroriste se confond avec les enjeux pétroliers

Les importations pétrolières sont devenues de plus en plus couteuse pour les États-Unis, eux même de plus en plus dépendant du pétrole importé. Il est « impensable de remettre en question le mode de vie américain» (R. Reagan). Aussi, est-il nécessaire pour ces derniers de renforcer leur présence dans les pays exportateurs et au niveau des points névralgiques du transport des matières premières pour répondre à leurs impératifs énergétiques.

Pour ce faire, les États-Unis vont redéployer leur bases, d'une manière stratégique, dans ces régions vitales du globe. Dans le cadre de ce redéploiement, le Yémen est la cible suivante, après l'Irak et l'Afghanistan, mais selon un stratégie semi déguisée.

---

[104] *Ibid.*

1-Des attentats qui tomberaient à pic… Pour justifier la prochaine guerre d'Obama

La présidence de G. W. Bush avait lancé les États-Unis dans une dynamique de politique agressive ou le hard power primait sur le soft power. Les conséquences de cette politique se sont rapidement fait sentir au niveau mondial, ou l'image des États-Unis s'est rapidement dégradée. Cependant, dans un monde ou l'argent prime sur les vies humaines, la première puissance du monde, face à ses défis internes a tenu sa ligne politique extérieure, jusqu'à l'arrivée au pouvoir de Barack Obama le 20 janvier 2009. Une rupture nette s'opère dans la politique américaine, et provoque la colère de certains démocrates va-t'en guerre, à l'image de Joe Lieberman, sioniste américain à l'avant-garde de toutes les initiatives guerrières des États-Unis.

L'arrivée au pouvoir de Barack Obama aux États-Unis a coïncidé avec le retour de ce que l'on appelle le soft power. Une stratégie de retrait d'Irak a été élaborée, suivit du redéploiement de troupes en Afghanistan, et d'une politique de guerre primant sur le qualitatif au détriment du combat sur le terrain, en remplaçant le Général Pétraeus par le Général Mc Christal[105].

Cependant, le retour aux affaires du Général Petraeus aurait dû nous faire suspecter un nouveau revirement en termes de politique militaire américaine.

L'opinion publique mondiale reste cependant contre l'interventionnisme américain au Moyen-Orient, ce qui pose problème aux faucons républicains partisans de la stratégie militaire pour sécuriser les principales routes des hydrocarbures. Ainsi, après le 11 septembre 2001, qui a justifié l'attaque de l'Afghanistan et de l'État Irakien, ces derniers mois, les regards se sont tournés vers le Yémen. Pays déjà instable, soupçonné d'abriter et d'entraîner les éléments d'Al-Qaeda, de fomenter des opérations contre les intérêts américains

---

105 Il semble cependant intéressant de noter comment le général Pétraeus fut remis à la tête du commandement des forces américaines en Afghanistan, suite à une interview du général Mac Chrystal plus que suspecte.

(à l'image de la tentative ratée d'attentat par Umar Farouk al-Mutallab), ou encore les colis piégées envoyées par Fedex et UPS[106], les États-Unis se tournent doucement vers le Yémen. Ils se heurtent cependant à la défiance du Président Saleh qui ne veut pas d'une intervention directe américaine au Yémen. Cependant, l'ouverture des bureaux de la CIA en 2007 sur le territoire yéménite montre qu'en fait, l'interventionnisme américain au Yémen est déjà très présent, même s'il reste officieux.

La défaite de Barack Obama lors des élections de mi-mandat et le retour des républicains au Sénat laisse supposer une attaque américaine, et cela, qu'elle soit directe ou indirecte.

Cette troisième partie nous dévoile la politique d'une puissance en déclin face à des puissances émergentes rivales telles que la Chine et l'Inde. Les États-Unis, forts de leur image de gendarme du monde, de défenseur des opprimés et des valeurs démocratiques, ont su tirer avantage de cette suprématie, pour mettre en place un stratagème qui pourra répondre à leurs problèmes internes et ce, quel que soit le prix à payer par les pays visés par la politique américaine.

L'Irak et l'Afghanistan faisaient partie de cette stratégie énergétique. Les récentes mises en lumière du Yémen suite à de nombreux attentats (ratés et souvent soupçonneux quant à leur origine véritable), l'ingérence officieuse du gouvernement américain dans les affaires internes du pays (via l'aide humanitaire et l'aide militaire indirecte), l'influence de la CIA au sein du jeu tribal et l'argument terroriste (monté en épingle par les républicains), font du Yémen la prochaine cible de l'impitoyable politique énergétique américaine. Le Yémen, déjà très instable doit faire face à un avenir de moins en moins radieux, soumis à toutes ces influences étrangères que le gouvernement central ne peut empêcher.

---

106 L'acte aurait été revendiqué par AQPA, mais aucune information le confirmant n'a été présentée au public, contrairement aux tentatives précédentes.

Face à tant de données, plusieurs questions se posent à nous. Quelles sont les planches de salut du Yémen ? Saura-t-il faire face aux nombreux défis qui voient le jour ? Vers quel avenir tend le Yémen après l'explosion révolutionnaire ? Les successeurs au Président Saleh réussiront-ils à gérer avec doigté les implications entre tribus et gouvernement, ou laisseront-ils place au chaos tribal et à la désunion ?

Partie 4.
Le Yémen : ses nouveaux défis

A. Une situation économique, sociale et politique en déliquescence

La remise en question des bases de la politique yéménite a fait éclater une contestation latente face à une pauvreté toujours plus importante et à des pénuries diverses auxquelles il semble impossible de remédier.

Les nombreux blocages consécutifs à la révolte actuelle n'ont fait que bloquer cette situation.

Certains économistes yéménites à l'image d'Ali Al-Wafi, Ancien Président du Comité financier au Parlement[107] parlent « d'effondrement de l'économie yéménite », risquant de « compromettre toute proposition politique pouvant mettre un terme au conflit.»[108]

Aussi, dans le cadre de cette dernière partie, nous pouvons nous demander comment la paralysie des rouages économiques fait-elle basculer le Yémen dans une situation d'urgence humanitaire, gardée silencieuse par la fière nation yéménite.

a. Des indicateurs économiques et sociaux dans le rouge

Depuis plusieurs années, les regards se portent sur l'Afrique, touchée par une crise humanitaire qui ne cesse d'empirer, occultant la situation de crise dans laquelle se trouve le Yémen.

Cependant, même si elle semble moins choquante, car bien moins médiatisée, la crise économique qui frappe le Yémen

---

107 Voir : « *Yemen's economy under risk* », Ali Saad, Yemen Online, 11 août 2011.
108 *Ibid.*

présente de nombreuses similarités avec ces pays d'Afrique, et s'est trouvée renforcée ces derniers mois en raison des affrontements politiques.

1-Une croissance démographique incontrôlée

Qui eut cru que le Yémen, autrefois connu sous le nom d'Arabie Heureuse, deviendrait ce pays en souffrance, déchiré par des luttes fratricides.

L'inexistence d'une politique de réglementation des naissances confère à ce pays (le plus peuplé de la péninsule arabique) un taux de fertilité parmi les plus importants au monde, à raison de 6,2 enfants par femme[109], et un taux de croissance démographique supérieur à 3% par an.

Dans ce contexte, « la population yéménite pourrait passer de 22 millions d'habitants à l'heure actuelle, à plus de 50 millions d'individus en 2035. Le tout, dans un environnement limité et aux ressources naturelles quasi épuisées. »[110]

La situation actuelle est déjà très critique, puisque non content d'être le pays le plus peuplé de la péninsule arabe, le Yémen en est aussi le plus pauvre.

Selon la Banque Mondiale, au Yémen, le revenu national brut (RNB) par habitant s'élève à 1060 $ à peine pour l'année 2009.[111]

Cette pauvreté va de pair avec un taux de chômage croissant d'année en année. Ce dernier taux reste assez compliqué à

---

[109] Voir : Rapport n° : 47562-YE de la Banque Mondiale. "International development and international finance corporation: Country assistance strategy for the republic of Yemen for the period FY 2010-2013.", 29 april 2009.

[110] Ibid. p.3.

[111] Selon les données de la Banque Mondiale, le RNB de l'Arabie Saoudite s'élève à 17 200$, tandis que celui du Sultanat d'Oman atteignait en 2008 les 17 890$ par personnes et que le RNB des Emirats Arabes Unis dépassait en 2004 les 23 360$. Le Yémen fait donc pâle figure à côté de ces riches pays pétroliers.

calculer, ce qui explique le fossé qui peut parfois séparer les données d'une organisation à une autre. Ainsi, selon le CIA World Factbook, en 2003, 35% des yéménites sont atteints par le chômage, mais selon les données de la Banque Mondiale, le chômage touche très différemment les hommes des femmes. En effet, en 2008, tandis que seul 11,5% de la population yéménite masculine est sans emploi, plus de 40% des femmes sont touchées par ce fléau.

Les facteurs explicatifs de cette tendance sont simplement culturels. Les femmes yéménites au travail sont très rares. La plupart d'entre elles sont chargées des corvées ménagères, et restent dans leur maison lorsqu'elles habitent en ville. En milieux ruraux, femmes et jeunes filles s'occupent des corvées d'eau (cela détourne nombre de jeunes filles des chemins de l'école, expliquant l'important taux de chômage parmi les femmes).

A ce titre, un rapport de l'Organisation des Nations Unies intitulé « United Nations Common Country Assessment, Republic of Yemen, 2005», donne quatre raisons à cette pauvreté économique, parmi elles : « la déresponsabilisation des femmes et des enfants», mais aussi le « manque de transparence et de participation, l'usage exagéré des ressources hydriques, et l'augmentation du chômage.»[112]

La croissance urbaine exponentielle rend encore plus visible cette pauvreté.

Les ruraux allant chercher du travail en ville pour subvenir aux besoins de leur famille se trouvent souvent mal logés et peinent à trouver un emploi eu égard à la situation économique du Yémen.

Selon les données de la Banque Mondiale, la population urbaine est passée de 5 millions d'individus en 1960 à 23 millions de personnes en 2008, situation d'autant plus explosive

---

[112] Voir le rapport : *Common Country Assessment, Republic of Yemen, 2005.*

si l'on prend en compte la montée du chômage et la pauvreté galopante.

Selon le PNUD, en 2007, 41,8% de la population yéménite vit sous le seuil de pauvreté[113], faisant du Yémen l'un des pays les plus pauvres au monde[114].

2-Culture du qât et épuisement des ressources hydriques

Paradoxalement, on constate ces dernières années une recrudescence de la consommation de qât malgré les politiques de réduction de consommation de ce dernier.

Cela peut-être lié à la paupérisation et à la marginalisation de la population yéménite qui trouve dans cette drogue un moyen d'échapper à son quotidien.

Cette consommation extensive de qât nous amène à traiter de la crise hydrique dont souffre le Yémen depuis les années 1970. La tardive prise en compte de ce problème fait que le Yémen compte aujourd'hui parmi l'un des 10 pays les plus pauvres du monde en eau. Sa capitale, Sanaa, risque de se retrouver à court d'eau d'ici 2015. Actuellement, le Yémen ne compte que 200 m^3 d'eau par tête[115], la répartition inégale de cette ressource et son usage tout azimut ne fait qu'accélérer son épuisement.

La croissance démographique yéménite couplée à l'épuisement des ressources en eau l'entraîne dans une situation de pénurie irrémédiable. Déjà très tendue, les tensions s'exacerbent et les conflits opposant différentes tribus se multiplient. La hausse des prix de l'eau couplée à la crise alimentaire et économique ne font qu'aggraver cette situation.

---

[113] En 2005 selon la Banque Mondiale : 34,8% des yéménites sont sous le seuil de pauvreté, et 45,2% en 2003 selon le CIA World Factbook.

[114] Toujours selon le PNUD, le Yémen se situe au 133° rang mondial.

[115] D'après la Banque Mondiale, un pays est dit pauvre en eau s'il dispose d'une quantité inférieure à 1000m^3 d'eau par personne. A titre indicatif, d'ici 2025, on prévoit que l'Ethiopie et l'Ouganda souffriraient de stress hydrique, tandis que Djibouti, l'Erythrée et la Somalie devraient enregistrer un déficit hydrique (> 500 m^3/hab/an). Voir : http://www.oss-online.org/

Le Yémen, avant l'explosion révolutionnaire connaissait déjà une situation économique déplorable. Fort taux de chômage, jeunesse délaissée, crise alimentaire grave, pénurie d'eau imminente. Tous les indices laissent à penser que le Yémen est au bord de la rupture.

b. Une révolte éclate, une économie s'effondre

Emprunte de la vague révolutionnaire démocratique, la révolution qui a éclatée au Yémen n'a que plus paralysée les secteurs économiques déjà mal en point. Les revendications de la population yéménite (- outre les demandes politiques - demandes de création d'emplois, de reprise de croissance…) semblent vouées à l'échec. La révolte qui risque à tout moment de faire sombrer le pays dans une guerre civile interminable semble figer les secteurs économiques dans leur marasme, n'aidant en rien à amélioration de la situation, bien au contraire.

1-Entre révolution et paralysie économique

L'analyste politique et sociologue à Sanaa, Abdul Ghaniy al-Iryani, explique que « l'économie du Yémen est en chute libre. Le secteur privé à licencié la moitié de sa force de travail. Les revenus du secteur pétrolier ont été divisés par deux. Les caisses du pays sont presque vides. L'économie était déjà faible, mais avec la crise actuelle » l'on « ne parle plus de crise, mais d'effondrement. »[116]

La révolution « paralyse la majeure partie des secteurs économiques : industrie, services, affaires, agriculture et secteur bancaire. »[117]

Le Dr. Mohamed Jubran, professeur d'économie à l'université de Sanaa, explique au Yémen Times qu'environ « 150 000 Yéménites ont perdu leur emploi dans divers secteurs économiques en raison de la crise politique, qui a

---

[116] Voir : « Le Yémen frappé par une crise économique », Charlotte VELU, RFI, 2 juillet 2011.
[117] *Ibid.*

débouché sur une pénurie d'essence et des pannes de courant. »[118]

Les secteurs de l'économie yéménite sont durement touchés. Des industries ont été obligées de cesser toute activité, ou de réduire leur production de 50% en raison de la pénurie de pétrole. Selon Mustapha Nasr, Président du Studies et Economic Media Center, cette réduction de la productivité industrielle a « entraîné entre 40% et 60% de perte d'emplois dans ce secteur. De plus, les salaires des employés restants ont été réduits et d'autres ont été envoyés en congés sans solde. »[119]

Le secteur agricole, déjà durement touché par la crise hydrique se trouve quasiment au point mort. « Ce secteur, qui contribue à 15% du PIB et emploie 55% de la main d'œuvre yéménite a été durement touché. Des douzaines de fermes dans la région de la Tihama (Hodeida), considéré comme la région phare de la production agricole, ont totalement arrêté leur activité en raison des pénuries d'essence. »[120] Or, cette région alimente la majeure partie du marché yéménite. L'arrêt de ces fermes laisse présager d'une très grave crise alimentaire.

Enfin, selon Ali al-Wafi, ancien Président du Comité Financier au Parlement Yéménite, explique dans une interview au Yémen Online[121], que « l'économie du Yémen est entrée dans une phase d'effondrement, risquant de compromettre toute proposition politique pour mettre un terme au conflit ».

Les aides existent malgré tout. Nous pouvons citer l'exemple de l'Arabie Saoudite, qui tente d'aider les Yéménites à répondre à la demande interne en pétrole en y envoyant régulièrement des pétroliers.[122]

---

[118] *Ibid.*
[119] *Ibid.*
[120] *Ibid.*
[121] *Ibid.*
[122] « Saudi Crude Oil: 6th Shipment reaches Aden South of Yemen », SABA, 17août 2011.

Cela permet de répondre temporairement à la demande Yéménite, mais n'est malheureusement pas assez suffisant pour stabiliser la situation.

La rareté du pétrole en a augmenté son prix à la pompe. Les prix auraient ainsi été multipliés par sept depuis le début de la crise[123].

Depuis le début de la crise politique, les denrées de base se font de plus en plus rares. Les magasins se vident et manquent d'approvisionnement. Cependant, le vieil adage « le malheur des uns fait le bonheur des autres », se vérifie une fois de plus. Certains membres de tribus descendent en ville avec leurs stocks d'essence qu'ils vendent à des prix bien plus élevés que la moyenne[124].

Entre crise économique, développement de marché parallèle, stress hydrique et risque de guerre civile, le Yémen s'enfonce jour après jour dans une crise humanitaire rejoignant ainsi ses voisins africains dont on parle depuis si longtemps.

2-Une situation « d'urgence humanitaire silencieuse »

L'agriculture se trouve donc l'une des premières à être touchée par cette pénurie d'eau.

Au niveau général, la région Moyen-Orient et Afrique du Nord, est la plus touchée par cette crise alimentaire. Les pays de cette zone importent 50%[125] de leur besoins alimentaires. Les pays du Golfe quant à eux, importent 100% des aliments de base, les revenus pétroliers ayant permis jusqu'à aujourd'hui d'amortir la hausse des prix des denrées alimentaires. Le Yémen, toujours selon la Banque Mondiale, importe 80% de ses céréales. Mais la faiblesse de son économie n'a pas permis

123 « Le Yémen frappé par la crise économique », Charlotte VELU, RFI, 2 juillet 2011.

124 « Economic crisis in Yemen increasing: citizen suffer daily difficult economic conditions due to lack of fuel, diesel and electricity », Yemen Online, 25 juin 2011.

125 Selon la Banque Moniale.

d'atténuer la hausse des prix. Ainsi, les prix du blé et des produits issus du blé ont plus que doublé en un an et sur cette même année, la pauvreté a crû de 6%. En 2010 déjà, des Organisation Non Gouvernementales ont averti des risques de crise alimentaire au Yémen. Mais très peu de moyens leur sont alloués pour aider la population locale.

A titre d'exemple, le Programme Alimentaire Mondial n'aurait reçu qu'un quart de son budget, soit 25,6 millions de dollars au lieu des 103,2 millions de dollars prévus, afin de venir en aide aux 3,2 millions de bénéficiaires yéménites.

Selon l'ONG « Save the children », un programme complémentaire du Programme Alimentaire Mondial, la crise concerne un tiers des 23 millions de Yéménites. « 2,7 millions sont en situation d'insécurité alimentaire grave[126] », le Yémen possède un des taux de malnutrition les plus élevés au monde.

46% des enfants de moins de 5 ans sont malnutris[127], ce qui équivaut au 4ème taux le plus élevé au monde[128].

Selon le représentant de l'UNICEF[129] au Yémen, Aboudou Karimou Adjibardé, ce problème de malnutrition « s'appréhende à travers plusieurs niveaux : dépendance du qât, aggravée par les invasions de criquets au Sud, le paludisme, la rougeole… ».

Selon lui, le qât est la base du fléau. Il faut engager des réformes économiques et optimiser l'aide fournie à ce pays.

---

[126] Voir « *Comprehensive food security survey 2010* », rapport du PNUD.

[127] Voir : « Yémen, la situation d'urgence silencieuse de la malnutrition menace les vies des plus jeunes », UNCEF. unicef.org/french/health/yemen_39964.html.

[128] A titre de comparaison, selon les données de l'UNICEF : au Soudan, 34% des enfants de moins de 5 ans sont malnutris, 41% en Erythrée et 48% en Mauritanie. http://www.unicef.org.

[129] *Ibid.* « La situation actuelle au Yémen peut être caractérisée comme une situation d'urgence silencieuse » explique le Représentant de l'UNICEF au Yémen, Aboudou Karimou Adjibardé, notant que le taux de malnutrition au Yémen figure parmi l'un des plus élevé d'Afrique, soit environ 46% ».

Avant le déclenchement de la révolution, le Yémen patauge dans une situation économique déplorable. La pauvreté qui affecte ce pays s'en trouve d'autant plus aggravée que sa population de cesse de croître et ce, de manière totalement incontrôlée. Nous savons tous qu'une révolution, quel que soit le pays dans lequel elle est déclenchée, paralyse son économie. Dans le cadre du Yémen, il y a de grandes chances pour que l'économie et la population sorte exsangue de cette révolution.

Ainsi, le Yémen, autrefois pays riche et prospère de la Péninsule Arabe, s'est transformé en pays pauvre, meurtri de guerres tribales intestines et fratricides. La pauvreté de plus en plus visible de la majeure partie de la population, dont les statistiques laissent à montrer que ses voisins africains n'ont rien à lui envier, opposée à l'enrichissement de chefs de tribus et membres du gouvernement, a déclenchée une grogne difficile à calmer.

Aujourd'hui, le pouvoir du Président Ali Abdallah Saleh est remis en question, tout comme sa politique, exercée depuis plus de 30 ans. Les yéménites de veulent plus entendre parler de corruption, de clientélisme, et encore moins de l'instauration d'une possible dynastie. Un vent de changement souffle sur ce pays, mais la direction reste encore à en être déterminée.

B. Un jeu politique complexe

Pendant plus de 33 ans, le Président Ali Abdallah Saleh a régné en maître sur le Yémen. Chantre de son unification, maniant patronage et corruption pour rester au pouvoir, instaurateur d'une démocratie qui ne l'était que de nom… Le Président Ali Abdallah Saleh avait, au fil des ans, su s'entourer, de par ses largesses, de son clan familial et tribal.

Cependant, la crise économique traversée par le pays, l'annonce d'un amendement de la Constitution afin de pouvoir être Président à vie, les rumeurs concernant son fils quant à sa succession à la tête du pays et enfin, le Printemps Arabe, ont été autant de facteurs déclencheurs de la grogne actuelle.

La politique de patronage du Président a montré ses limites dès les premiers jours de révolte. Quasiment seul et gravement blessé à l'issue de l'attentat du 3 juin 2011, il s'est bien lentement résigné à quitter ses fonctions présidentielles, et ce, malgré les propositions de sortie de crise des membres du Conseil de Coopération du Golfe (CCG) et les demandes des pays étrangers tels que les États-Unis.

Nous tenterons ici de porter un éclairage sur les limites de ce que l'on peut appeler la *stratégie Saleh* et mettrons en relief les stratégies et motivations des divers acteurs politiques.

a. Panorama des dynamiques politiques antérieures à la révolution

Le gouvernement yéménite, à l'image de ses confrères arabes, a toujours fonctionné sur un schème politique triangulaire mêlant patronage, clientélisme et corruption, le tout autour de ce qui est l'essence même du Yémen : les tribus. Aussi avant de nous engager plus en avant dans la situation politique actuelle est-il nécessaire de faire un point sur les dynamiques politiques antérieures qui ont progressivement menées à cette révolution.

1-La démocratie selon le président Saleh : une « zone grise »

Sur le plan politique, l'on se réfère au Yémen comme étant la toute première démocratie du monde arabe.

Instaurée en 1990 dans le but de porter un point d'honneur au processus d'unification alors en cours, le Président Ali Abdallah Saleh, au cours de ses visites présidentielles (Irak, Egypte…) se faisait le porte étendard de cette nouvelle démocratie, présentant ses avantages en termes d'avancées économiques.

Réjouissances de courte durée car, comme nous le savons ce regain de prospérité économique ne fut que temporaire.

Le régime démocratique instauré sous le Président Saleh a rapidement révélé ses limites.

Qualifié de « Zone grise » par Thomas Carothers[130], le régime du Président Saleh s'est révélé être à cheval entre autocratie et démocratie. Les bases de la démocratie yéménite sont définies comme suit dans l'article 4 de sa Constitution de 1994 : « Le peuple Yéménite est le détenteur et la source de pouvoir qui est exercé directement à travers les référendums publics et les élections, ou indirectement, à travers les autorités législatives, exécutives et judiciaires, tout comme à travers l'élection de conseils locaux. »

Définition on ne peut plus démocratique. Mais comment alors ce régime a-t-il pu glisser en zone grise ?

Il ne s'agit pas ici d'accuser ou de défendre l'ancien Président du Yémen, Ali Abdallah Saleh, mais tenter d'expliquer pourquoi un régime démocratique a-t-il vu ses bases glisser sur une pente semi autocratique.

Parmi l'ensemble de variables qui se présentent à nous, nous retiendrons la caractéristique tribale yéménite. Par définition, le tribalisme « repose sur l'élection et la légitimité des leaders tribaux, et sur la consultation et l'égalité de la population tribale »[131]. Ainsi, le tribalisme est perçu comme une tradition culturelle équivalente à une forme bien spécifique de démocratie faisant du Yémen, le terreau de la démocratie dans la péninsule arabique. Au prime abord, les tribus ont un rôle de balance des pouvoirs vis-à-vis du gouvernement central, et ont pour but de relayer la parole et les demandes du peuple yéménite vers le gouvernement du Président Saleh, comme nous l'avons expliqué plus haut.

Cependant, ce système *vertical ascendant* s'est transformé en système politique *vertical descendant*.

---

[130] Voir Sarah PHILLIPS, "Yemen's democracy experiment in regional perspective", Palgrave, 2008.
[131] *Ibid.* Sarah PHILLIPS.

2-Le clientélisme : un moyen de pression politique

Le Président Ali Abdallah Saleh a rapidement su tirer parti de cette relation tribus/gouvernement, en inversant la tendance et en développement une stratégie clientéliste vis-à-vis de ces dernières.

Cette stratégie clientéliste a été une habitude du Président Saleh lorsque ce dernier était à la tête du Yémen du Nord, schème qu'il a naturellement reproduit une fois à la tête du Yémen unifié.

Il faut cependant noter l'importance de la différence des héritages historiques et politiques des deux Yémen. Tandis que le Yémen du Nord a toujours été de tradition tribale, il s'avère que le Yémen du Sud a vu son maillage tribal réduit à néant par les anglais puis les russes[132].

L'introduction du clientélisme au sein de ce qui fut autrefois le Yémen du Sud s'est révélé rapidement être un échec, poussant même bien avant la révolution, plusieurs gouvernorats et villes à la révolte.[133]

Le principe du clientélisme est de donner une partie de pouvoir aux tribus, juste assez pour ne pas les rendre autonomes, mais obtenir leur allégeance au pouvoir en place. Ainsi, tant que le pouvoir en place reste en mesure de fournir les biens matériels et financiers qu'il demande, les tribus lui sont dévouées (et ne rentrent pas en contradiction avec la politique du gouvernement).

La majeure partie de la population vit en milieu rural, nous savons aussi que les tribus sont bien plus armées que l'armée elle-même[134], ces deux facteurs expliquent à eux seuls (ou

---

[132] Les anglais puis les russes ont perçu le tribalisme comme un obstacle au progrès social et en ont rapidement sapé toute ses bases.

[133] Les Yéménites du Sud se sont sentis lésés par cette union.

[134] Le SAS (Small Arms Survey) en 2003 a dénombré plus de 5,58 millions d'armes appartenant aux tribus yéménites et plus de 184 000 armes détenues par les cheikhs de ces tribus contre à peine 1,5 million d'armes détenues par l'État yéménite. Cela en fait l'un des pays les plus armés au monde. Voir :

presque), l'importance de cette politique clientéliste, qui permet de conserver un semblant de stabilité pour le gouvernement et le pays. Si le pays n'est pas tenu d'une main de fer, les différents qui opposent chaque tribu, associée à leurs volontés d'indépendance (l'on pense à certains gouvernorats du Sud du Yémen, à l'Hadramaout, ou encore aux Zaydites au Nord du pays) risquent de mettre le pays à feu et à sang, voire, à l'éclater en une multitude de petits gouvernorats indépendants.

Des limites existent malgré tout dans cette pratique, ce qui nous permet d'ailleurs de nous rendre compte de l'importance de cette caractéristique tribale. Dans son ouvrage *Yemen's democracy experiment in regional perspective, patronage and pluralized authoritarianism,* Sarah Phillips cite l'exemple de Robert Burrowes, illustrant le pouvoir limité de l'État vis-à-vis des tribus yéménites. Dans la région de Marib, un conflit intertribal violent a fait intervenir les forces de sécurité gouvernementales. Ces dernières après avoir tué un membre d'une des deux tribus qui prenait la fuite, ont vu ces mêmes tribus se retourner contre elles, mécontentent de l'implication du gouvernement dans leurs affaires tribales.[135]

On ne peut pas remettre en cause les motivations désintéressées (sur le plan personnel) du Président Ali Abdallah Saleh, d'avoir instauré ce régime démocratique qui a fait à l'époque la renommée du Yémen. Le système clientéliste et de patronage qu'il a instauré au départ n'avait d'autre but que stabiliser cette unité démocratique naissante.

Cependant, la dégradation de la conjoncture économique, l'incapacité à répondre efficacement aux crises successives, les écarts de richesses et la grogne montante sont un ensemble de facteurs qui ont poussé le Président Ali Abdallah Saleh à redéfinir la notion de démocratie yéménite, en étendant ses prérogatives présidentielles, de manière à pouvoir exercer un

---

Living with weapons, small arms in Yemen, D. MILLER, A. KARP, in , *Small arms survey,* 2003.

[135] Voir Robert Burrowes, *"The Salih regime and the need for a credible opposition",* in *Middle East Journal,* n°2, 2007.

contrôle à tous niveaux de l'État, faisant entrer le Yémen en « Zone grise ».

b. Politique interne : entre alliances et mésententes

Le premier janvier 2011, l'approbation d'une révision constitutionnelle permettant la réélection du Président à vie met le feu aux poudres. Par cette révision, le Président Ali Abdallah Saleh aurait instauré une nouvelle dynastie au sein des pays de la péninsule arabe, allant à l'encontre même des bases de la démocratie instaurée 30 ans plus tôt. Les yéménites, pris dans la vague du Printemps Arabe, se sont à leur tour soulevés contre un règne qui durait depuis trop longtemps.

1-Les limites de la stratégie Saleh

Afin de se maintenir au pouvoir, le Président Ali Abdallah Saleh avait su, jusqu'à aujourd'hui, manier clientélisme, patronage et corruption[136]. Cette politique a rapidement montré ses limites dès les premiers semblants de révoltes, de nombreux généraux[137] et hommes politiques n'ont pas hésité à tourner le dos au Président pour se joindre aux revendications de la rue. Entourage peu loyal et simplement intéressé, nous ne pouvons que constater sans étonnement l'isolement actuel dans lequel se trouve le Président Ali Abdallah Saleh.

Au cours d'une interview pour le Yémen Times, le parlementaire Ahmed Saif Hashed explique que la volonté du Président de rester au pouvoir ne fait « qu'aggraver sa situation et celle de son parti ; il a perdu de nombreux alliés et beaucoup

[136] A ce titre, le Yémen arrive 131ème sur 179 sur l'Index de Transparency International.

[137] Parmi eux, nous pouvons citer le Général Ali Mohsen, ancien proche et grand allié du Président Ali Abdallah Saleh, qui emporte avec lui une partie de l'armée yéménite.

de tribus commencent à lui faire défaut pour se ranger aux côtés des protestataires. »[138]

Le Yémen est un pays tribal, chaque tribu étant dirigée par un cheikh sur lequel, via des subsides, le Président Saleh peut étendre son aire d'influence.

Aussi, au cours des premiers jours de révolte, les deux plus importantes tribus (Bâkil et Hashed, dont est issu le Président) n'ont pas hésité à se joindre aux manifestants. « Ces deux tribus représentent 50% de la population yéménite »[139], et il s'avère que le leader de la tribu des Hashed n'est autre que le cheikh Hamid Ben Abdullah al Ahmar, dirigeant du parti Al-Islah, principal parti d'opposition du pays. »[140]

Outre les tribus, les membres même du parti au pouvoir, dont trois de ses anciens ministres (celui du tourisme, des droits de l'homme et des transports) ont formé un parti afin d'appuyer les manifestants anti-Saleh.[141]

Les révoltes les plus violentes ont eu lieu dans les villes de l'ancien Yémen du Sud. Il semble ainsi important de noter le limogeage fin février de 5 cheikh des 5 villes les plus importantes et stratégiques du Yémen du Sud (et aussi stratégiques pour le Yémen en lui-même). Selon le site officiel du Président[142], 5 nouveaux cheikhs ont été placés à la tête des villes suivantes :

- Hadramaout : le Cheikh Khalid Saeed Muhammed al-Daini.
- Aden : Ahmed Muhammed Qayed Qa'atabi

---

[138] Voir Sadeq Al Wesabi, *« Saleh rebuts exit plans as GPC members jump ship »*, 7/03/2011, Yemen Times.

[139] Voir l'article de RFI, *Au Yémen d'importantes tribus se joignent aux manifestants,* 26 février 2011.

[140] *Ibid.*

[141] Voir : Al-Jazeerah, *Former Saleh allies form new party in Yemen,* 18 avril 2011. Le parti en question s'appelle : "Justice and development bloc", dirigé par Mohammed Abu Lahoum.

[142] Voir : http://www.presidentsaleh.gov.ye/index.php?lng=en.

- Lahj : Ahmed Abdullah al Majeedi
- Hodeida : Akram Abdullah Attiya
- Jawf : Yahya Muhammed Gawber.

Ces 5 villes sont considérées comme des piliers économiques pour le pays. Les deux ports que sont Aden et Hodeïda permettent au Yémen un commerce maritime important pour le pays. La région de l'Hadramaout quant à elle représente le cœur agricole du Yémen, les cultures agricoles de l'Hadramaout desservent presque tous les marchés du Yémen. Enfin, les régions du Lahj et de Jawf représentent elles aussi les régions les plus fertiles du pays.

Dans une autre mesure, à l'image du roi Abdallah[143], le Président yéménite s'est aussi lancé dans une course aux largesses sociales envers les étudiants (en les exemptant de taxes universitaire pour cette année), a mis en place un fond spécial pour les chômeurs, des augmentations pour les fonctionnaires et militaires, a élargi la couverture sociale…

Ce faisant le Président Ali Abdallah Saleh n'a fait qu'attiser la colère, les yéménites se sentant spoliés et non entendus[144], et creuser un peu plus le déficit budgétaire du pays.

1. *Une opposition politique hétéroclite et divisée*

Les répressions sanglantes contre les manifestants yéménites sont devenues légion. Certains politiciens et leaders tribaux (opposants de longue date au Président Saleh ou anciens ministres de son gouvernement) ont profité de ces épisodes sanglants afin de glisser parmi les opposants notamment en leur proposant leur protection.

---

[143] Dès son retour à Riyad, pour calmer son peuple, le roi Abdallah a annoncé une série de mesures sociales destinées aux fonctionnaires, étudiants et emprunteurs. Voir : *« Riyad, le roi Abdallah annonce des mesures sociales »*, France 24, le 23 février 2011.

[144] Voir : « *President ignore budget deficit to offer financial benefits* », Sadeq AL-WESABI, Yemen Times, 3 février 2011.

Mais quelle est vraiment la structure de cette opposition politique ? Comment évolue-t-elle ? Quelles sont ses revendications ?

Aussi, dans un pays ou le tribalisme fait foi, nous avons affaire à une opposition très divisée et aux propositions variées.

La jeunesse yéménite se trouve prise entre deux feux. D'un côté, elle est sous la protection d'Ali Mohsen, ancien commandant de la première division blindée de Saleh. Ce dernier a rallié l'opposition en mars, accompagné de nombreux militaires. D'autre part, Sadek al-Ahmar, leader de la confédération Hashed, figure politique de premier plan du régime de Saleh, perçut comme celui qui contrebalançait le pouvoir du Président, a aussi rejoint les rangs de l'opposition. Et enfin, les Joint Meeting Parties (JMP), formé en novembre 2005 suite au rapprochement du secrétaire Général du parti Al-Islah, du parti socialiste, du parti nassériste, ainsi qu'un parti regroupant les intellectuels libéraux zaïdites[145]. « En juillet 2006, ces mêmes partis ont donné du poids à leur alliance en nommant l'ancien ministre Faysal Bin Shamlan, ancien ministre du pétrole, et membre indépendant du parlement comme concurrent au Président Saleh lors des élections.»[146]

Cette alliance semble au prime abord assez atypique dans la mesure où, dans les années 1990, le Président Saleh avait réussi à opposer le PSY et le parti Al-Islah, deux partis qui s'entretuaient encore au cours de la guerre civile de 1994. Cependant, cette alliance qui pourrait être considérée comme une alliance de circonstance semble prendre du poids au fil de la révolution Yéménite.

Les politiciens et chefs tribaux dans les rangs des opposants sont perçus par la jeunesse yéménite comme des opportunistes qui n'ont eu qu'à retourner leur veste dès les premiers jours de tension, et n'apparaissent pas comme de crédibles successeurs

---

[145] Michaelle L. Browers *« Yemen's joint meeting parties: origins and architects »,* Cambridge middle east studies, 2009, pp. 138/174.
[146] *Ibid.*

au Président Saleh. Leurs aspirations au poste présidentiel en fait des rivaux dans l'opposition, et il est à craindre qu'une fois le Président Saleh évincé du pouvoir, ne naissent de nouvelles tensions entre ces possibles successeurs. Face à l'enlisement de la situation révolutionnaire au Yémen, les plans de sortie de crise ne manquent pas.

Le Conseil de Coopération du Golfe a proposé plusieurs plans de sortie permettant un transfert de pouvoir par le Président Ali Abdallah Saleh, préservant son immunité, tout en excluant la formation d'un conseil de transition. Premier plan de sortie rejeté en bloc par les opposants au pouvoir qui voulaient voir le Président Saleh jugé pour ses crimes envers le peuple yéménite, dans les provinces d'Aden, Sanaa, Taez, Ibb et Al-Hodayda.[147] Une autre raison pour laquelle le plan du CCG a été rejeté, est qu'il « exclu la condition posée par l'opposition sur la formation d'un Conseil militaire de transition », et qu'il « accorde l'immunité à Saleh et à sa famille ». En plus, « le plan du CCG n'a pas précisé quand M. Saleh doit partir et si ses fils et ses proches peuvent maintenir leurs fonctions dans l'armée et dans les services de sécurité.»[148]

Ainsi, l'opposition montre qu'elle ne veut plus de demi-mesures, mais que le Président Saleh soit jugé à l'image des dictateurs arabes, volonté que nous pourrions juger extrême eu égard aux efforts fournis par le Président afin de garder uni ce pays contre la volonté de ses riches et puissants voisins, même si sa politique utilisée reste malgré tout très critiquable.

Tandis que le Président « jouait du yoyo », déclarant accepter les termes du plan de sortie de crise puis se rétractant le jour même où le lendemain, ce plan a finalement été signé par l'opposition le 21 mai 2011.

---

[147] Annonce du porte-parole de l'opposition Mohamed Qahtan à l'agence de presse Xinhua.
[148] *Ibid.*

Le Conseil de Sécurité de l'ONU a, lui aussi, accentué la pression sur le Président Yéménite en adoptant à l'unanimité, le 21 octobre 2011, la résolution 2014.

Il est important de noter que cette résolution est la première sur le Yémen, démontrant ainsi l'intérêt et l'inquiétude que suscite cette situation sur le plan international.

Le Conseil de Sécurité réitère l'intérêt du Président Saleh à signer le plan de sortie du CCG, afin de remettre le pouvoir entre les mains de son vice-président en échange d'une immunité pour lui et sa famille.

« Les États-Unis, par la voix de Mark Toner, porte-parole du département d'État, ont demandé que la transition au pouvoir commence immédiatement.»[149]

Cependant, cette résolution laisse un goût amer dans la bouche de certains opposants, dans la mesure où elle accorde encore et toujours l'immunité au Président Saleh et à sa famille.

Peu après l'adoption de cette résolution, le Président Saleh s'est dit prêt à une transition pacifique du pouvoir, mais pour combien de temps encore?

Le Yémen possède une architecture politique unique au sein du monde arabe. La caractéristique tribale demande une adaptation bien spécifique de la politique menée par son dirigeant afin de garder sous influence des cheikhs fidèles au pouvoir, et les populations rurales éloignées du gouvernement central. Les tribus ont en effet un rôle non négligeable dans l'unité du pays, très influentes et plus armées que l'armée nationale yéménite elle-même, elles doivent rester sous la coupe du gouvernement central au risque de les voir une à une devenir autonomes faisant par là même disparaître le Yémen en une multitude de petits gouvernorats et tribus aux traditions hétéroclites. Ce risque d'anarchie n'a pu être évité qu'en

[149] Voir l'Express.fr : Yémen : Le Conseil de Sécurité accentue la pression sur le Président Saleh, le 21.10.2011.

menant le Yémen avec une main de fer. Il ne s'agit pas ici de faire l'éloge de la politique du Président Saleh, mais d'en comprendre l'évolution et son adaptation face à la nécessité d'un Yémen uni face à aux attaques de ses riches voisins. L'ancien président peut ainsi être considéré comme le ciment de l'unité yéménite.

C. Des enjeux qui dépassent les frontières de la Péninsule Arabique

Le Moyen-Orient est une région stratégique pour les grandes puissances et puissances émergentes, du fait de ses richesses et capacités énergétiques. Le Printemps arabe qui secoue cette partie du monde depuis le mois de janvier a chamboulé les politiques énergétiques et militaires jusque-là mises en place par ces pays, qui tentent actuellement de trouver un remède aux maux de cette région, dont la déstabilisation pourrait remettre en cause la présence de certains acteurs étrangers, favorisant l'intégration d'autres, plus ou moins bienvenus.

a. Le Yémen : petit pays aux enjeux de taille pour les États-Unis et la Chine

1-L'instabilité remet en question l'efficacité de la lutte anti-terroriste

Le Yémen, bien que petit et pauvre, est un pays stratégique du fait de son emplacement sur le détroit du Bab-el-Mandeb, en face de la Somalie (État faillit). Suite aux attentats du 11 septembre 2001, les États-Unis ont fait du Yémen l'un des pays à surveiller de près du fait de la présence (plus ou moins importante selon les sources) de membres du réseau Al Qaeda pour la Péninsule Arabe (AQPA).

Dès le commencement de la lutte anti-terroriste, le Président Ali Abdallah Saleh s'est rangé aux côtés des américains, montrant sa bonne foi en autorisant des opérations militaire conjointes avec ces derniers. Jusqu'à l'embrasement du Yémen, le Président Ali Abdallah Saleh représentait un atout non négligeable dans la lutte anti-terroriste. Cependant, la révolution a rendu complexe cette stratégie.

Deux options se posent aux États-Unis, soutenir le Président Ali Abdallah Saleh à la tête du pays ou risquer de le faire remplacer par un successeur plus faible, ce dont pourrait profiter l'organisation Al-Qaeda pour la Péninsule Arabique (AQPA) pour développer son emprise sur le Yémen. Ces deux options expliquent la position ambiguë des États-Unis vis-à-vis du Yémen.

Selon le secrétaire de la défense américaine, Robert Gates : « Le remplacement du Président Saleh par un président plus faible serait une vraie menace pour les États-Unis. »[150] Cependant, sa volonté à se maintenir à la tête du pays risque à tout moment d'engendrer une guerre civile dont AQPA pourrait tirer profit.

Les américains semblent cependant s'orienter vers leur première option qui est de faire remplacer le Président Saleh au plus vite.

Aussi, même si elle évite de critiquer en publique le Président Saleh, l'administration Obama a « gentiment » demandé au Président Ali Abdallah Saleh de quitter le pouvoir[151] et organise régulièrement des rencontres afin de trouver un accord final.

D'un autre côté, les stratégies de *l'après Saleh* se mettent en place lentement. Un rapport du Think-tank Héritage Foundation[152] concernant la stratégie à adopter en parallèle démontre à quel point le Yémen est stratégique pour la lutte

[150] Voir : Al Jazeerah, *Yemen transition talks stalled : rulling party recommends forming new government as negociations on president departure are halted*, 27/03/201.

[151] Voir : New York Times, *U.S. Shifts to seek removal of Yemen's leader, an Ally,* L. KASINOF, David E. SANGER, 3 avril 2011.

[152] Voir : rapport héritage foundation : *What the president must do with Yemen,* 24 mars 2011, James Phillips.

anti-terroriste des États-Unis. Ils doivent ainsi atteindre 5 objectifs :

- aider à une transition pacifique : afin d'éviter que la situation de tourne à la guerre civile.
- maintenir des contacts rapprochés avec les leaders militaires
- Se rapprocher de l'opposition : engager le contact avec les leaders de l'opposition susceptibles d'aider les États-Unis dans leur lutte contre AQPA.
- Coordonner leur politique avec celle de l'Arabie Saoudite : Riyad a un intérêt stratégique dans la stabilité du Yémen, plus forte influence étrangère par la distribution de subsides aux leaders tribaux et aide financière aux gouvernements.
- Prévenir les troubles iraniens : danger de voir la révolte du Nord se transformer avec en en sous-main la poussée chiite iranienne bien qu'elle n'ait rien à voir avec la branche iranienne (envoi d'armes).

Tout est planifié afin que le Yémen ne devienne pas, à l'image de la Somalie, un État faillit.

Contrairement à ce que montrent les apparences, le Président Ali Abdallah Saleh représente le ciment du peuple yéménite. Il a su, pendant plus de 30 ans, tenir ce pays d'une main de fer et jouer de diverses stratégies afin d'éviter qu'il ne sombre dans le chaos. Le successeur au Président Ali Abdallah Saleh, qui devra être élu par les urnes, conformément aux demandes du peuple yéménite, devra se montrer capable de relever les défis qui s'imposent à lui et gouverner pour le peuple et non pas pour son clan.

Malheureusement, les successeurs crédibles sont rares. La révolution des jeunes yéménites a rapidement été reprise par les tribus et chef tribaux, qui voient dans cette instabilité un moyen de tirer leur épingle du jeu et d'obtenir plus de pouvoir, ou, dans certains cas, l'indépendance de leur gouvernorat.

Ainsi, certaines idées relatives à la division du pays en 5 États ont déjà été émises[153]. En 2008, le party *Sons of Yemen* (parti d'opposition créé dans les années 1950), a proposé la division du Yémen en 5 États : Sanaa serait la capitale politique, Aden, la capitale économique. Si les américains sont une fois de plus trop téméraires, ils risquent de précipiter une nouvelle division du Yémen, cette fois irrémédiable, ce qui rendrait d'autant plus complexe la lutte anti-terroriste sur ce sol.

Il ne faut pas croire que les États-Unis soient la seule puissance concernée par l'instabilité du Yémen. La Chine, nouvelle puissance en expansion, est elle aussi touchée par ces risque de guerre civile et de division yéménite.

2-Une voie maritime stable : une importance capitale pour la Chine

Depuis quelques années, le Chine est entrée en pleine phase d'expansion. L'importance de son développement économique induit une forte demande en matières premières, notamment en pétrole.

La Chine importe du pétrole du Moyen-Orient depuis 1993, et ses importations ont doublé tous les cinq ans[154].

L'importance d'un Yémen stable est stratégique pour la Chine, dans la mesure où celle-ci s'approvisionne principalement en Arabie Saoudite. Selon l'Agence Internationale de l'Énergie, la Chine représentera à elle seule plus de 40% de l'accroissement de la demande en pétrole jusqu'en 2030.

---

[153] Voir: Yemen Times, *Mohsin Mohammed Bin Fareed, RAY opposition party chairman, on the political state of Yemen « Most of the citizen in our country live in miserable conditions »*, Mohammed Bin Sallam, 28 février 2011. Mohammed bin Fareed est le secrétaire general du Parti *Sons of Yemen*, créé dans les années 1950, sous le régime de l'ancien Yémen du Sud.

[154] Voir : B. SIMPFENDORFER, *La nouvelle route de la soie,* éditions Autrement, Paris, 2011. 213p.

Dans le cadre de cette croissance, la capacité d'adaptation de l'Arabie Saoudite en a fait le premier partenaire de la Chine qui lui importe cinq millions de barils par jour, représentant plus de la moitié de ses importations totales quotidiennes[155].

Ses importations transitent via le détroit du Bab-el-Mandeb, considéré comme un goulet d'étranglement, et l'un des points de passage les plus dangereux pour le commerce maritime. Ce détroit est déjà en partie handicapé par la situation somalienne, et le risque est de voir le Yémen s'enfoncer dans la même posture, fermant l'accès au Bab-el-Mandeb et par là même bloquant les importations chinoises. Même en supposant une nouvelle division du pays et la construction d'un pipeline venant d'Arabie Saoudite et traversant le Yémen du Sud, la situation du Yémen du Nord resterait bien trop fragile et instable (du fait de la révolte Zaydite, du fort sentiment tribal qui imprègne cette partie du pays contrairement au Sud) pour permettre le développement d'exportations de pétrole vers la Chine.

En cela, la stabilité du Yémen est un enjeu majeur pour l'approvisionnement pétrolier de la Chine et par conséquent, pour son développement sur le long terme.

Aussi, bien qu'actuellement son regard reste tourné vers la Syrie[156], la Chine suit de très près le dossier yéménite. Elle a d'ailleurs appelé à une résolution pacifique de la crise yéménite[157]. Tentant par là même une approche différente de l'approche américaine. Bien plus en douceur, ce qui lui permettra à terme de jouir d'une réputation plus amicale que son homologue américain au sein du monde arabe.

---

[155] *Ibid.* selon l'auteur, seuls les pays arabes sont en mesure de répondre à la demande chinoise. En 2006, elle avait besoin de 4 millions de barils par jour et en 2015, selon les estimations, elle en demandera plus de 11.3 millions.

[156] La Chine vient de poser son droit de véto concernant une résolution sur la Syrie à l'ONU. Voir : Al Jazeera, *China and Russia veto UN sanctions on Syria,* 5 octobre 2011.

[157] Voir : *La Chine appelle a une résolution pacifique de la crise yéménite,* Agence de presse Xinhua, 28 septembre 2011.

Ainsi, bien que le Yémen soit considéré comme un petit pays pauvre, présentant peu d'intérêt pour la communauté internationale, la révolte qui le secoue actuellement met en exergue de nombreux enjeux internationaux. D'un risque de faillite d'un État à dominance tribale, au développement de l'AQPA en passant par l'importance stratégique de la stabilité du Bab-el-Mandeb, ce qui se joue à l'heure actuelle ne concerne plus seulement un pays et sa région proche, mais aussi les puissances lointaines importatrices (et en partie dépendantes) du pétrole de l'Arabie Saoudite.

b. Vers un État faillit ?

Nombreux sont les chercheurs craignant une somalisation du Yémen. En effet, beaucoup de ressemblances sont à noter entre le Yémen et son homologue Somalien.

« La chute de l'autocrate Mohammed Syad Barre avait ouvert la voie à une guerre civile entre différentes factions de seigneurs de guerre. »[158] L'échec du déploiement américain qui suivra laissera la Somalie dans une situation de détresse sans nom.

Actuellement, la Somalie en est toujours au même point, qualifiée « d'endroit le plus dangereux de la planète » par bien des observateurs, elle voit se développer sur son territoire des groupuscules radicaux islamistes qui profitent de ce vide politique afin d'étendre leur pouvoir et recruter de nouveaux visages. Le développement de la piraterie maritime (dont les pirates sont toujours de mieux en mieux équipés) ont fait du détroit de Bab-el-Mandeb l'un des détroits les plus dangereux au monde.

Jusqu'à aujourd'hui, le Yémen représentait un semblant de stabilité malgré la hausse de cette violence maritime, il se voulait même (sous la houlette du Président Saleh) un allié de la lutte anti-terroriste.

---

[158]Voir : http://terangaweb.com

Cependant, au regard de la situation actuelle, l'analyse de la situation Yéménite présente de nombreuses similitudes à celle de la Somalie, à tel point que certains parlent d'une « Somalisation du Yémen », et voient le Yémen comme un État faillit.

1-Qu'est-ce qu'un État faillit ?

Cependant, avant d'aller plus en avant dans cette sous partie, il est nécessaire de définir la notion d'État faillit. Utilisé la première fois pour qualifier la Somalie, ce terme a parfois tendance à être mal employé.

« La faillite étatique se manifeste par une diversité de symptômes découlant de l'absence d'un contrôle minimal de l'espace politique et économique, soit une incapacité relative à préserver l'ordre, à garantir la sécurité de la population, à canaliser les demandes et susciter la loyauté de celle-ci, donc à normaliser relations sociales. Bien qu'une telle dégénérescence des institutions ne se traduise pas nécessairement par l'anarchie, elle est la plupart du temps synonyme d'une fragmentation importante de l'espace politique et d'une gouvernance chaotique. »[159] Il est toutefois important de signaler qu'il existe un désaccord sur la terminologie de « failli ». En effet, certains universitaires spécialistes de la question préconisent l'emploi du terme « défaillant » quand le processus est encore en cours, ou « effondré », quand l'État est inexistant.[160]

Un État faillit est donc dans l'incapacité d'assumer ses fonctions régaliennes[161] que sont : « la sécurité territoriale par la constitution d'une armée, la sûreté de ses habitants par la constitution d'une police, l'édification du droit à travers un ensemble de législations stables et un système judiciaire et

---

[159] Voir : Kathia Légaré, «État failli : Un État failli désigne un État où il y a une absence de contrôle minimal de l'espace politique et économique », 18 février 2008.
(http://www.operationspaix.net/Etat-failli,4335),
[160] http://www.irenees.net/fr/fiches/analyse/fiche-analyse-787.html
[161] *Ibid.*

enfin, la mise à disposition d'une monnaie commune à tous les agents économiques.»[162]

Le cas Somalien illustre donc parfaitement cette expression d'État faillit.

Peut-on maintenant en dire autant pour le Yémen ?

Il n'est plus à démontrer les ressemblances somaliennes de la voie sur laquelle s'est engagé le Yémen. Souffrant depuis longtemps de problème économiques et humanitaires, ces derniers se sont aggravés suite au Printemps Arabe.

Actuellement, six problèmes majeurs qualifiés de « plaies »[163] touchent le Yémen.

- Comme expliqué en première partie, l'histoire du Yémen résulte de l'unification ratée de deux régions diamétralement opposés. Le Yémen du Nord tribal et pauvre s'est uni avec un Yémen du Sud aux traditions communistes et au maillage tribal détruit par la colonisation britannique. L'antagonisme de ces deux pays ne pouvait que faire des étincelles, privant l'État de ses prérogatives ou lui rendant la tâche plus ardue du fait des irrédentismes sudistes et de la concurrence entre yéménites du Nord et Yéménites du Sud.
- La corruption endémique à presque tous les pays arabes n'a pas épargné le Yémen. Même si des structures ont été mises en place telles que le comité national anti-corruption, directement rattaché au chef de l'État, le Yémen demeure une zone de non droit et l'un des pays les plus corrompus au monde.
- Le Yémen semble ensuite avoir raté le train du développement. En effet, le contraste est saisissant par rapport à ses riches voisins de la péninsule arabe.

[162] *Ibid.*
[163] Voir : rapport « *Le Moyen Orient à l(heure du Nucléaire* », http://www.senat.fr/rap/r08-630/r08-63037.html

La fécondité élevée, le fort taux de yéménites vivant sous le seuil de pauvreté, couplé au manque d'accès à l'eau potable et à la menace de la crise hydrique fait de ce pays le pays le plus pauvre de la péninsule arabe.

- L'aide internationale significative démontre la fragilité de l'économie du Yémen. Bien que la surface agricole utile soit importante, plus de 60% des terres cultivables sont transformées en champs de qât, plus rentables, mais bien peu nourrissant pour la population yéménite.
- L'insécurité est l'une des plaies les plus importantes du Yémen. « Le Yémen a fait preuve de laxisme vis-à-vis des mouvements islamistes qui trouvaient sur son sol un appui logistique et un refuge pour leurs camps d'entraînements. Son relief montagneux, la perméabilité de sa frontière avec l'Arabie Saoudite, la proximité de la Somalie et du Soudan en font un refuge idéal. »[164] La révolte Houtiste qui a éclaté en 2004 ainsi que les irrédentismes sudistes n'incitent pas à une amélioration de la situation.
- Enfin, dernière plaie mais pas la moindre, le Yémen se trouve isolé des autres pays du Golfe. En 1990, ses prises de positions pro-irakiennes lui ont valu d'être mis en marge des relations avec les membres du Conseil de Coopération du Golfe. Bien qu'en 2001 il ait été admis dans certaines instance de coopération techniques de l'organisation (santé, éducation…) les relations qu'il entretient avec les membres du CCG restent très empruntes de méfiance.

Ces 6 « plaies » démontrent à elles seules que le Yémen est au bord de la faillite.

Cependant, quelles seraient les conséquences d'un nouvel État faillit face à la Somalie encadrant le détroit stratégique du Bab-el-Mandeb ? Qu'en serait-il du commerce des

164 *Ibid.*

hydrocarbures ? Quels en seraient les nouveaux enjeux par rapport à la lutte anti-terroriste ?

2- Le Yémen : et si... ?

Les mises en perspective concernant le Yémen sont nombreuses. Dans cette dernière sous partie, nous allons tenter de recouper ces analyses avec les faits actuels, afin de pouvoir nous projeter de manière plus claire sur l'avenir de cet État Yéménite aux bords de la faillite.

Les enjeux qui se trament au Yémen sont multiples. De la simple scission d'un pays, au risque de voir ce dernier devenir le nouveau bastion de l'AQPA en passant par les dégâts économiques collatéraux, c'est-à-dire la fermeture du canal de Suez ou la diminution de l'intensité de son utilisation, tout est envisageable dans la mesure ou une conséquence en entraîne une autre.

Depuis plus de 33 ans, le Président Ali Abdallah Saleh dirige le Yémen d'une main de fer. La dégradation de la situation économique doublée du jeu déstabilisateur saoudien ont malheureusement fini par avoir raison du règne du Président.

La période de latence au cours de laquelle aucun opposant ne semblait être en mesure de succéder au Président Saleh a enfin pris fin le 27 février 2012 avec l'élection à 99,8% du Président Abd Rabbo Mansour Hadi. Vice-Président et secrétaire général du CGP, il s'est peu à peu imposé comme seul successeur à Ali Abdallah Saleh. Les chantiers qui l'attendent sont tous tant divers qu'importants.

D'un côté, le Yémen du Sud, région qui ne s'est jamais vraiment sentie intégrée au sein du Yémen unifié semble se tourner vers la voie de l'indépendance. Le Yémen risque sous peu de rentrer dans une phase de délitement dans laquelle les tribus (dont l'allégeance plus ou moins loyale au gouvernement avait permis d'étendre un semblant de pouvoir dans les régions montagneuses éloignées du pouvoir central) reprendraient leur droit face à un gouvernement central faible et miné par la corruption. Cependant, les origines sudistes du Président Abd Rabbo Mansour Hadi permettent un semblant d'optimisme dans cette vision hypothétique.

Cependant, si cette phase de délitement venait à se produire, le vide politique serait alors une véritable aubaine pour les membres de l'AQPA, certaines villes yéménites telles que Mareb, Shabwa et Abyan, étant déjà passées sous leur coupe[165]. Le risque est alors de voir le Yémen du Sud devenir un bastion de l'organisation.

Le Bab-el-Mandeb est déjà considéré comme l'un des goulets d'étranglement les plus dangereux au monde, en prenant en compte simplement le phénomène de piraterie. En admettant l'ajout de la variable « prise de possession du Yémen du Sud par l'AQPA », le risque est de voir le commerce des hydrocarbures partiellement bouché, entraînant un manque à gagner pour l'Égypte (qui se compte par plusieurs milliards de dollars par an en moins) ainsi qu'un handicap à l'exportation pour l'Arabie Saoudite. Notons ici l'emploi du terme « partiellement bouché », en effet, lors des précédentes crises du canal de Suez, les moyens d'adaptation ont été très rapides. Ainsi, même si la route des matières premières stratégiques s'est retrouvée rallongée de plusieurs milliers de kilomètres, les transports se sont adaptés (augmentation des tonnages par exemple).

La situation serait plus délicate pour l'Arabie Saoudite qui, depuis plusieurs années maintenant souhaite obtenir un débouché direct sur l'Océan Indien (ce qui explique certaines politiques de déstabilisation). Ayant pour premier partenaire, la Chine, la plupart de ses exportations passent via le détroit du Bab-el-Mandeb, aussi, le Royaume risque-t-il de se retrouver dans une impasse si le Yémen tombe entre les mains de l'AQPA (cela explique son vif intérêt pour la situation actuelle).

---

[165] G. MALBRUNO, *« Yémen, début des négociations pour le départ de Saleh, pour ne pas laisser le champ libre à Al-Qaeda »,* Le Monde.

Le risque de voir le Yémen devenir une des principales bases arrière de l'AQPA est bien réel, déjà très présente, l'organisation profite du vide politique pour s'installer petit à petit. Sa présence si proche des pays pétroliers les plus riches de la planète risquerait d'ouvrir la voie à une nouvelle configuration géopolitique.

Le Yémen a toujours occupé une place bien spécifique dans l'imagination des peuples. Autrefois carrefour des civilisations, et pays étape de la route de l'encens ayant abrité les plus illustres rois et reines (roi Salomon, reine de Saba, dont il reste aujourd'hui les ruines des palais), le Yémen a toujours été le seul pays de la péninsule arabe à se démarquer de par son histoire bien spécifique.

Sa situation géographique et stratégique au niveau du détroit du Bab-el-Mandeb l'a très tôt placé sous le feu des projecteurs et se révéla être une malédiction qui conditionnera toute la suite de son évolution tant politique que sociale et économique.

Divisé en deux régions suite aux dominations successives des diverses puissances (des zaydites aux anglais en passant par les ottomans) qui ont apporté avec elles leur lot de régimes politiques (protectorat, communisme, structure tribale...), les Yéménites, malgré toutes ces évolutions et cette division de leur territoire en deux régions radicalement opposées (tant sur le plan économique que social et politique), tendaient vers l'union de leur deux régions.

L'ancien Président de la République Yéménite, Ali Abdallah Saleh (ancien Président du Yémen du Nord), s'était à l'époque fait le chantre de l'unification des deux régions. Aidé par la découverte de ressources pétrolière à la limite même des frontières du Yémen du Nord et du Yémen du Sud, l'unification s'est faite sous l'égide de la modernité, c'est-à-dire, l'instauration d'une république. Idée novatrice dans la péninsule arabe, sachant que la structure socialo-politique de chaque pays repose sur une cohésion tribale. Pari fou d'Ali Abdallah Saleh qui se hisse à la tête de cette nouvelle république du Yémen déclarée le 22 mai 1990, qui tiendra bon an mal an jusqu'en

1994, ou éclate une nouvelle guerre civile séparant les deux régions pendant quelques mois.

La réunification du pays devra faire face à de nombreuses rivalités de pays voisins, tels que l'Arabie Saoudite, et plus lointains, à l'image des États-Unis, qui perçoivent cette unification comme une menace et non une avancée politique dans le monde arabe. Ils s'escriment à mettre à mal cette union, en se servant des rivalités tribales Nord-Sud, de la pauvreté et de la corruption au sein du gouvernement yéménite pour mettre un terme à cette unification des deux Yémen. L'Arabie Saoudite est l'exemple même de cette adversité et son double rôle joué vis-à-vis du Yémen, depuis bientôt des décennies n'est plus à démontrer. Bien que le Royaume ait changé quelque peu sa politique relationnelle avec le Yémen (aujourd'hui, « le bonheur du Royaume ne réside plus dans le malheur du Yémen, mais dans son bonheur »), le Yémen réunifié n'en reste pas moins une menace quant à la stabilité de l'Arabie Saoudite. Elle doit faire face à ses défis internes, que sont la pauvreté, la jeunesse désœuvrée, la fin de l'ère pétrolière et sa faiblesse démographique… c'est une bombe à retardement sur le point d'exploser.

Face à elle, le Yémen, pays le plus pauvre, mais aussi le plus peuplé et le plus armé de la péninsule arabe, dont les traditions tribales font partie intégrale de la vie quotidienne (tandis que l'Arabie Saoudite, suite à l'ère fastueuse du pétrole s'est peu à peu embourgeoisée et a perdu cette tradition tribale guerrière qui fait l'essence même des pays arabes.). Donc, pays pauvre, peuplé, guerrier, instable (les tensions se font en effet de plus en plus vives entre ancien Yémen du Nord et ancien Yémen du Sud) et stratégiquement placé à l'embouchure du Bab-el-Mandeb, là encore détroit ou passent plus de 3 millions de barils de pétrole par jour, le Yémen représente pour le Royaume d'Arabie Saoudite une grave menace pour sa stabilité intérieure (son commerce pétrolier transitant par la mer Rouge, si le détroit se trouve bloqué, l'Arabie Saoudite peut perdre le peu de stabilité qu'il lui reste et la famille Saoud risque de se trouver en très mauvaise posture à la tête du pays).

Aussi, que faire ? Le vieil adage « garde tes amis près de toi et tes ennemis encore plus près » est parfait pour illustrer la politique de double jeu joué par les saoudiens. Aussi, la famille Saoud a toujours eu pour objectif de garder le Yémen dépendant de lui, sous sa surveillance. D'un autre côté, même si la politique saoudienne démontre une volonté de calmer les esprits et les tensions, en démontre une activité soutenue pour mettre un terme à la guerre de Saada, elle cache la volonté des saoudiens de vouloir la main-mise sur le Yémen du Sud, région la plus riche du Yémen (ressources agricoles, pétrolières, gazières, accès direct sur l'Océan Indien pour permettre aux saoudiens de faciliter leur livraisons de pétrole vers d'autres pays, au moment où la rivalité avec l'Iran se fait de plus en plus forte).

Ainsi, la politique de l'Arabie Saoudite nous apparaît au plus clair : diviser une nouvelle fois le Yémen, garder un Yémen du Nord sous surveillance et obtenir une main mise sur le Yémen du Sud, région stratégique. Les raisons à cette politique ? Internes au royaume : une situation politique et sociale en déliquescence, chômage montant et colère grondante, instabilité augmentant due à la fin proche de l'ère pétrolière et à la diminution des subsides pétroliers.

Cependant, les instabilités touchant le Yémen ne doivent pas être imputées à la seule politique saoudienne. En effet, comme expliqué plus haut, la situation stratégique du Yémen a toujours attiré de nombreux acteurs étrangers, et encore plus actuellement eu égard aux besoins pétroliers des populations. Dans cette dynamique, les États-Unis, gros consommateurs de pétrole et de gaz depuis toujours, connaissent depuis les années 1970 une véritable pénurie d'approvisionnement. Jusqu'à aujourd'hui, passée sous silence, on ne peut plus, notamment depuis les attentats du 11 septembre 2001, passer outre ce problème majeur. Le rapport NEP (National Energy Policy) commandité par l'ancien Président des États-Unis, George W. Bush, mettait en exergue ce besoin vital de ressources du fait d'une demande en consommation de plus en plus élevée. Le « mode de vie américain n'étant pas négociable », il faut donc à cette superpuissance trouver de nouvelles sources d'approvisionnement et en sécuriser les routes dans le but d'acheminer les matières premières stratégiques de manière sûre.

Dans cette politique de sécurisation, le Bab-el-Mandeb est l'une des cibles principales des États-Unis. Déjà largement présents sur la côte africaine de la Mer Rouge, tant au niveau militaire que politique, il leur faut aussi pouvoir contrôler une le Bab-el-Mandeb du côté yéménite. Aussi les américains trouvent-ils avec l'Arabie Saoudite un point d'entente quant à la politique à appliquer au Yémen. Ces deux protagonistes jouissent d'une relation étroite depuis toujours (rapports économiques oblige), de ce fait, les situations économiques conjointes des deux États leur ont permis de se mettre d'accord quant à la politique à appliquer sur le territoire yéménite.

Une nouvelle scission Nord/Sud permettrait aux États -Unis de profiter du chaos régnant au Yémen pour s'insérer de manière définitive dans la vie politique yéménite (même scénario qu'en Ethiopie, Somalie, Erythrée, Djibouti…). La lutte contre Al-Qaeda, devenu AQPA, sert d'argument à la présence américaine officieuse sur le sol yéménite (les actions de la CIA au Yémen sont légion), qui eux aussi tendent à jouer un double jeu. D'une part, augmentant les aides humanitaires montrant une bonne volonté des forces américaines, d'autre part, poussant aux révoltes, dans le but de préparer une nouvelle division du pays.

A l'heure des révoltes arabes, l'avenir du Yémen semble incertain. Le départ d'Ali Abdallah Saleh et l'élection à la tête de l'État du nouveau Président Abd Rabbo Mansour Hadi, après de longs mois de luttes armées et de guerre civile, laissent supposer une accalmie temporaire. Il aura cependant fort à faire face aux nombreux défis qui se posent à lui. Tandis qu'un vent de colère souffle sur le Yémen du Sud, la révolte houtiste, que beaucoup semblent avoir oubliée, perdure depuis 2004 à la frontière saoudienne. Il faut, à cela, ajouter une pénurie d'eau qui n'ira qu'en s'aggravant, et face à laquelle le Yémen ne peut répondre du fait de la faiblesse de son économie.

L'avenir du Yémen n'est pas à observer sous un angle si pessimiste. En effet, bien que très pauvre et dénué de ressource pétrolières, le Yémen recèle d'autres richesses qui font de lui un pays unique au sein de la péninsule arabique. En effet, ce manque de ressources pétrolières a permis au Yémen de conserver sa part de traditions, et ses paysages exceptionnels (cultures en terrasses dénuées de gratte ciels modernes), atout principal du tourisme dans ce pays (et ce, sans compter la réputation hospitalière des Yéménites qui n'est plus à faire). D'un autre côté, le Yémen dispose d'un autre atout de taille : la pêche. Ses 2250 kilomètres de côtes lui confèrent des ressources halieutiques innombrables, dont les Yéménites peuvent tirer un parti non négligeable.

Enfin, les aides de la communauté internationale et le travail effectué par les organisations présentes sur le pays, permettent de petites avancées sur la voie de la modernisation infrastructurelle et sociale.

Les entreprises tendent à être moins frileuses malgré la conjoncture, à titre d'exemple, on dénombre une quinzaine d'entreprises françaises sur le territoire. La réussite du projet de Total sur l'exploitation du Gaz au Yémen, qui représente le plus gros investissement de Total au Yémen, permet de calmer certaines tensions au sein du pays (à l'exception de sabotage de pipeline aux alentours de Balhaf par exemple, imputé à des revendications tribales, sous lesquelles nous devons certainement voir l'influence américaine ou saoudienne). La création de centaines de milliers d'emplois sur le long terme, la formation de milliers de Yéménites et les impacts du projet français sur l'économie du pays permet d'envisager le futur du Yémen sous un angle plus optimiste.

Le malheur du Yémen réside dans sa situation géographique. Stratégiquement placé sur la route des hydrocarbures, à une époque où chaque puissance doit faire face à des pénuries sans précédent, le Yémen devient le terrain d'affrontement de ces pays qui recherchent à tout prix le bien être de leur économie, quitte à transformer le Yémen en un État faillit.

La toute récente décision du gouvernement américain de lancer des attaques sans même confirmation de l'identité de la cible visée[166], laisse présager d'un avenir bien sombre pour cette zone géographique, aux conséquences géopolitiques et économiques majeures, mais dont trop peu de monde semble se soucier….

---

[166] « US expands Yemen drone strike policy", 27 avril 2012, Al-Jazeerah: (http://www.aljazeera.com/news/middleeast/2012/04/201242665054283749.html) décision certainement prise afin de booster les résultats de la campagne militaire d'Obama au Yémen, en vue des élections américaines de novembre prochain.

Bibliographie

Ouvrages généraux et articles

Agence de presse Xinhua, « La Chine appelle à une résolution pacifique de la crise yéménite », 28 Septembre 2011.

AL-JAZEERAH, "China and Russia veto UN sanctions on Syria", 5 Octobre 2011.

AL-JAZEERAH, "Former Saleh allies form new party in Yemen", 18 avril 2011

AL-JAZEERAH, "Yemen transition talks stalled : rulling party recommends forming new government as negociations on president departure are halted", 27 mars 2011.

AL-MOUYIB Abdelwahab, « Un parti islamique de type nouveau », *Courrier International*, 20/26 mars 1997, La Documentation Française.

M. Ahmad AL-SAYAD, « La réunification du Yémen : les rancœurs du passé au défi de l'avenir », *France Pays Arabes*, Octobre 1990, La Documentation Française.

AL-WESABI Sadeq, "President ignore budget deficit to offer financial benefits", in: *Yemen Times*, 3 février 2011.

Al WESABI Sadeq, "Saleh rebuts exit plans as GPC members jump ship", in: *Yemen Times*, 7 mars 2011.

BIN SALLAM M., "Mohsin Mohammed Bin Fareed, RAY opposition party chairman, on the political state of Yemen: most of the citizen in our country live in miserable conditions", in: *Yemen Times*, 28 février 2011.

BONNEFOY Laurent, « Les identités religieuses contemporaines au Yémen : convergence, résistances et instrumentalisations », *Yémen Territoires et Identités, Revue des mondes musulmans et de la Méditerranée*, n° 121-122, 2008.

BONNEFOY Laurent, *Yémen, le Nord en guerre*, éd. SciencesPo, 2010.

BROWERS Michaelle L., *Yemen's joint meeting parties: origins and architects*, Cambridge Middle east studies, 2009, pp. 138/174.

BURROWES Robert, "The Salih regime and the need for a credible opposition", in: *Middle East Journal n°2*, 2007.

Du BOUCHET Ludmila, « La politique étrangère américaine au Yémen, nouvelles pratiques sécuritaires et recomposition de la scène politique », in: *Chroniques Yéménites*, n°11, 2003.

BURGAT François, « Le Yémen après le 11 septembre 2001 : entre le meilleur de la construction de l'État et le pire du rétrécissement du champ politique », *Critique internationale, n° 32*, juillet-septembre 2006.

BURGAT François, « Les élections présidentielles de septembre 1999 au Yémen : du pluralisme armé au retour à la « norme arabe » », in: *Monde arabe Maghreb-Machrek, n°168*, avril-juin 2000, La Documentation Française.

CAME François, « L'unification à marche forcée », Libération, 22 mais 1990.

CARRE Olivier, *Le nationalisme arabe,* Petite bibliothèque Payot, Saint Amand Montrond, 2004.

CHIPAUX Françoise, « Yémen, la fin sanglante d'une union contre nature », *Le Monde*, 30 mai 1994, La Documentation Française.

CLARK Kate, « Elections in Yemen, a flawed democraty ? », in: *Middle East International*, 18 avril 1997, La Documentation Française.

DAWALIBI Raymond, « Zoom sur le Yémen, législatives : entre pluralisme, désaffection et boycottage », in: *Arabies*, Avril 1997, La Documentation Française.

DA LAGE Olivier, « L'Arabie et ses voisins, la revanche des vassaux », *Outre Terre, n°14*, deuxième trimestre 2006.

DRESCH Paul, *A History of Modern Yemen*, Cambridge, Cambridge University Press, 2000

DRESH Paul, « Tribalisme et démocratie au Yémen », *Chroniques Yéménites, n°4*, 1994.

FOURMONT-DAINVILLE Guillaume, *Géopolitique de l'Arabie Saoudite : la guerre intérieure,* Paris, éd. Ellipses, 2005.

GUEYRAS Jean, « Ombre Saoudienne sur le nouveau Yémen », *Le Figaro*, 29 juin 1990.

HALLIDAY Fred, "Yemen's uneasy elections", in: The World Today, La Documentation Française, mars 1997.

HUBERT-RODIER Jacques, « La faillite du Yémen, terreau du terrorisme international », *Les Echos*, 12 janvier 2010, La Documentation Française.

KASINOF L., SANGER David E., "U.S. Shifts to seek removal of Yemen's leader, an Ally", in: *New York Times*, 3 avril 2011.

KHEIR Elie, « Yémen : démocratie formelle et insécurité croissante », in: *Arabies*, octobre 1999, La Documentation Française.

LEGARE Kathia, « État failli : Un État failli désigne un État où il y a une absence de contrôle minimal de l'espace politique et économique », in: *Réseau francophone de recherche sur les opérations de paix*, 18 février 2008

LEVEAU Rémy, MERMIER Franck, STEINBACH Udo, *Le Yémen contemporain,* Paris, éd. Karthala, 2009.

LAURENT Eric, *La face cachée du pétrole*, La Flèche, éd. Plon, 2008.

LASSERRE Frédéric, GONON Emmanuel, *Manuel de géopolitique,* Armand Colin, Paris, 2008.

LORIEUX Claude, « Le Yémen : les causes d'un divorce annoncé », *Le Figaro*, 11 mai 1994, La Documentation Française.

MALBRUNO G., « Yémen, début des négociations pour le départ de Saleh, pour ne pas laisser le champ libre à Al-Qaeda », in: *Le Monde.*

MANOU Yves, « Malgré les risques, Total continue à produire au Yémen », Le Monde, 6 janvier 2010, La Documentation Française.

MERMIER Franck, « L'Islam politique au Yémen, ou la Tradition contre les traditions », in: *Monde Arabe, Maghreb Machrek*, n°155, janvier-mars 1997, La Documentation Française.

MERMIER Franck, « Expérimentation démocratique au Yémen », Le monde diplomatique, avril 1997, La Documentation Française.

MERMIER Franck, « Yémen : le Sud sur la voie de la sécession ? », *EchoGéo*, 2008.

MOUTOT Michel, « Eclairage, Sanaa pourrait être la première capitale sans eau dans quelques années », *AFP*, 25 janvier 2010, La Documentation Française.

NOHRA Fouad, « Jordanie, Egypte, Yémen : l'ingénierie constitutionnelle de l'élite au pouvoir, face aux dynamiques oppositionnelles », in: *Enjeux Diplomatiques et Stratégiques*

2010, sous la Direction de Pascal Chaigneau, Paris, Ed. Economica, 2010.

PAILLARD Christophe Alexandre, « Géopolitique des hydrocarbures : le Moyen Orient au cœur des enjeux énergétiques du XXième siècle », in: *Moyen Orient, Pétrole : géopolitique et stratégies énergétiques*, octobre-décembre 2010.

PHILLIPS Sarah, *Yemen's democracy experiment in regional perspective: Patronage and Pluralized Authoritarianism*, États-Unis, éd. Palgrave Macmillan, 2008.

PHILLIPS James, "Yemen and the resurgent Al-Qaeda Threat", Rapport du Think Tank: Heritage Foundation, 8 Janvier 2010.

POIRIER Marine, *Yémen nouveau, futur meilleur, Retour sur l'élection présidentielle de 2006,* rapport 2006.

RIGOULET-ROZE David, « La « saoudisation » de l'emploi : un défi démographique autant que sociolo-économique, sinon politique », in: *Revue Européenne des migrations internationales*, n°23, 2007.

RODRIGUEZ Clarence, « De retour à Riyad, le roi Abdallah annonce des mesures sociales », in: *France 24*, le 23 février 2011.

RODIER Alain, « Le soutien de l'Iran au terrorisme international », *centre français de recherche sur le renseignement, note d'actualité n°203*, janvier 2010.

SAAD Ali, "Yemen's economy under risk", in: *Yemen Online*, 11 août 2011.

SABA Agence, "Saudi Crude Oil : 6th Shipment reaches Aden South of Yemen", 17août 2011

SEBILLE-LOPEZ Philippe, *Géopolitique du pétrole,* Armand Colin, Paris, 2007.

SIMPFENDORFER B., *La nouvelle route de la soie,* éditions Autrement, Paris, 2011. 213p

STADNICKI Roman, « Sanaa, Capitale du Yémen, une métropole en gestation », *Moyen-Orient, n°4*, 2010.

VELU Charlotte, « Au Yémen d'importantes tribus se joignent aux manifestants », in: RFI, 26 février 2011

VELU Charlotte, « Le Yémen frappé par une crise économique », RFI, 2 juillet 2011

Dictionnaire spécialisé

Dictionnaire mondial de l'Islamisme, Sous la direction des Cahiers de l'Orient, Plon, 2002.

Dépêches AFP

AFP, « Les États-Unis et le Yémen envisagent des frappes aériennes au Yémen », 30 décembre 2009, La Documentation Française.

Xinhua News Agency, « Les États-Unis intensifient leur coopération avec le Yémen sur la sécurité et le développement », 21 janvier 2010, La Documentation Française.

AFP, « Washington craint qu'Al-Qaeda ne se renforce au Yémen et en Somalie », 5 décembre 2009, La Documentation Française.

AFP, « Golfe d'Aden, après les pirates, la menace al-Qaeda », 27 janvier 2010, La Documentation Française.

AFP, « Stabiliser le Yémen, un défi vertigineux, 6 octobre 2010 », La Documentation Française.

AFP, Yémen : « Une tribu attaque l'armée et un oléoduc pour venger l'un des siens », 25 mai 2010, La Documentation Française.

Xinhua News Agency, « Le Yémen prend la menace d'Al-Qaeda au sérieux : déclaration du Ministre des affaires étrangères yéménites », 10 février 2010, La Documentation Française.

Xinhua News Agency, « Le Yémen assure aux investisseurs pétroliers internationaux sa capacité à éradiquer Al-Qaeda », 18 octobre 2010, La Documentation Française.

Centre Presse, « Sanaa, future capitale sans eau : un scénario catastrophe qui pourrait prendre forme dans quelques années », 25 janvier 2010, La Documentation Française.

AFP « Le Yémen, théâtre d'une guerre par procuration en Iran et Arabie Saoudite », dépêche du 25 novembre 2009.

« Yémen : Le Conseil de Sécurité accentue la pression sur le Président Saleh », dépêche du 21 octobre 2011.

Rapports

Rapport du Groupe parlementaire d'amitié pour le Yémen, « L'Arabie Heureuse en mouvement », Sénat, avril 2001.

Rapport du National Energy Policy, mai 2001.

Rapport 2005, *Defense Base Closure and Realignment.*

Rapport de l'UNHCR, *Yémen, les besoins globaux,* 2010.

Rapport de l'EIA (Energy Information Administration), *Yemen, Country Analysis Briefs,* mars 2010.

Rapport n°: 47562-YE de la Banque Mondiale. *International development and international finance* *corporation: Country assistance strategy for the republic of Yemen for the periode FY 2010-2013*, 29 avril 2009.

Rapport d'information de M. Jean FRANÇOIS-PONCET et Mme Monique CERISIER-ben GUIGA, fait au nom de la Commission des affaires étrangères et de la défense n° 630 (2008-2009) - 25 septembre 2009 : *Le Moyen Orient à l'heure du nucléaire,* http://www.senat.fr/rap/r08-630/r08-63037.html

Rapport de l'Organisation des Nations Unies: *Common Country Assessment, Republic of Yemen, 2005.*

Rapport de MILLER D., KARP A., "Living with weapons: small arms in Yemen", in: *Small arms survey*, 2003.

Rapport du PNUD, *Comprehensive food security survey 2010*

Rapport de PHILLIPS J., du Think-tank Heritage Foundation: "What the president must do with Yemen", 24 mars 2011.

Sites Internet

CIA World Factbook:

https://www.cia.gov/library/publications/the-world-factbook/fields/2010.html

Site Internet de Total Yémen :

http://www.total.com/fr/nos-energies/gaz-naturel/transformer/projets-et-realisations/yemen-lng-900155.html

Site Internet du gouvernement Américain :

www.america.gov/fr/

Site Saba news Yémen :

http://www.sabanews.net/fr/news4.htm

Pour l'eau au Yémen :

http://www.missioneco.org/documents/144/110551.pdf

Site de l'UNICEF :

http://www.unicef.org/french/health/yemen_39964.html

et :

http://www.unicef.org/french/pon96/leag1nut.htm

Site du PNUD :

http://www.undp.org.ye/

Site de la Banque mondiale :

http://web.worldbank.org/WBSITE/EXTERNAL/COUNTRIES/MENAEXT/YEMENEXTN/0,,contentMDK:22614687~menuPK:50003484~pagePK:2865066~piPK:2865079~theSitePK:310165,00.html

et :

http://web.worldbank.org/WBSITE/EXTERNAL/COUNTRIES/MENAEXT/YEMENEXTN/0,,menuPK:310170~pagePK:141159~piPK:141110~theSitePK:310165,00.html

Site du réseau francophone de recherches sur les opérations de paix :

http://www.operationspaix.net/Etat-failli,4335

Site de l'observatoire du Sahara et du Sahel : http://www.oss-online.org/

Site de ressources pour la Paix :

http://www.irenees.net/fr/fiches/analyse/fiche-analyse-787.html

Site du Small Arms Survey :

http://www.smallarmssurvey.org/fileadmin/docs/A-Yearbook/2003/en/Small-Arms-Survey-2003-Chapter-05-EN.pdf

Site official du Président Saleh :

http://www.presidentsaleh.gov.ye/index.php?lng=en

Table des matières

Monde arabe – Maghreb – Moyen-Orient aux éditions L'Harmattan

Dernières parutions

IDÉOLOGIE (L') DE L'ISLAMISME RADICAL
La nouvelle génération des intellectuels islamistes
Al Subaie Mohammad - Préface de Farhad Khosrokhavar
Voici une étude approfondie de la pensée djihadiste de quatre grands intellectuels contemporains, arabes sunnites originaires du Moyen-Orient, jeunes et très influents dans le monde arabe et islamique. Deux thèmes majeurs sont privilégiés : la question du Djihad et celle de la démocratie vue comme un système politique illégitime.
(Coll. Comprendre le Moyen-Orient, 29.00 euros, 310 p.)
ISBN : 978-2-296-99379-2, ISBN EBOOK : 978-2-296-51102-6

PENSÉE (LA) DE FETHULLAH GÜLEN
Aux sources de l'»islamisme modéré»
Bureau Louis-Marie - Préface d'Olivier Esteves ; avant-propos de Bayram Balci
Fethullah Gülen, leader religieux installé aux États-Unis, est à l'origine du «mouvement Gülen», nébuleuse puissante jouant un rôle majeur dans plusieurs pays musulmans. Il prône un rapport décomplexé des musulmans à la modernité pour faire triompher un islam rigoureux. Ce livre présente sa pensée et les ressorts d'un islamisme alliant religiosité et développement, qui marque la Turquie contemporaine et inspire aujourd'hui les gouvernements issus des révolutions arabes.
(Coll. Inter-National, 14.50 euros, 138 p.)
ISBN : 978-2-296-99733-2, ISBN EBOOK : 978-2-296-51103-3

PARTICIPATIONS ET CITOYENNETÉS DEPUIS LE PRINTEMPS ARABE
Sous la direction d'Antoniy Galabov et Jamil Sayah
Le Printemps arabe induit un dialogue des révoltes, un rapprochement possible avec la globalisation numérique. Les populations investissent médias et réseaux sociaux, qui semblent jouer un rôle incontournable. Les moyens de communication ne font certes pas les révolutions, mais ils interdisent les *black out* comme les désinformations officielles. Le problème n'est pas de savoir si l'internet sert ou non la démocratie, il s'agit de comprendre comment son appropriation et ses usages constituent ou complètent l'exercice de la citoyenneté.
(Coll. Local et Global, 23.00 euros, 232 p.)
ISBN : 978-2-336-00399-3, ISBN EBOOK : 978-2-296-51148-4

SOCIÉTÉS ARABES EN MOUVEMENT

Trois décennies de changements

Chiffoleau Sylvia

L'irruption des sociétés arabes sur le devant de la scène est venue contredire les images convenues de sociétés monolithiques, «bloquées» par le poids des normes religieuses et de l'autoritarisme politique. Cet ouvrage se propose de rendre compte de la diversité de ces sociétés à travers l'analyse de pratiques sociales peu évoquées (aspirations et mobilisations des jeunes, conditions féminines, sexualité, modes de consommation et pratiques de loisirs, expressions religieuses diversifiées...).

(Coll. Bibliothèque de l'iReMMO, 13.50 euros, 122 p.)

ISBN : 978-2-296-99431-7, ISBN EBOOK : 978-2-296-50982-5

COMMUNICATION ET DÉVELOPPEMENT TERRITORIAL EN ZONES FRAGILES AU MAGHREB

Morelli Pierre, Sghaïer Mongi - Préface de Wahid Gdoura

Voici questionné le lien entre communication publique et développement territorial dans certaines zones fragiles et menacées du Maghreb. Dans une volonté de rapprocher les sciences de l'information et de la communication et les sciences économiques, ces travaux interrogent des notions telles que l'intelligence territoriale, le marketing territorial, la confiance entre acteurs du développement local, les perceptions et la valorisation de sites patrimoniaux...

(Coll. Communication et Civilisation, 29.00 euros, 280 p.)

ISBN : 978-2-296-99724-0, ISBN EBOOK : 978-2-296-50949-8

PIED-NOIR... ET GAULLISTE

Autobiographie et réflexions personnelles

Achor Robert

Pendant sa période oranaise, Robert Achor a fréquenté le lycée Lamoricière, où son professeur d'histoire était Marc Ferro. Déjà sensibilisé au gaullisme en Algérie, il a poursuivi dans cet engagement une fois arrivé à Paris. Il rencontre Pierre Mesmer et son épouse, le général Koenig, Golda Meir, Ben Gourion... Autant de personnalités et d'échanges qui façonneront et éclaireront sa vision de l'histoire contemporaine dont il témoigne ici.

(SPM, 16.50 euros, 160 p.)

ISBN : 978-2-901952-94-7, ISBN EBOOK : 978-2-296-50579-7

DIX JOURS À ALGER

Carnets d'un Printemps manqué. Février 2011

Viollet Christian

Février 2011 : la Tunisie, l'Egypte puis la Libye basculent dans le «Printemps arabe». À Alger, la révolution annoncée se fait cruellement attendre. Dans ce pays où tout le monde parle politique, cette révolution qui joue l'Arlésienne est au coeur des débats. Séjournant à Alger, l'auteur rapporte des réponses qui permettent de refaire l'histoire et rappellent le lien indissociable de nos deux pays, de nos deux peuples.

(Coll. Ecrire et Voyager, 13.50 euros, 118 p.)

ISBN : 978-2-336-00296-5, ISBN EBOOK : 978-2-296-50778-4

DYNAMIQUES SOCIOLANGAGIÈRES DE L'ESPACE ALGÉROIS
Discours et représentations
Lounici Assia, Bestandji Nabila
La réflexion sur les dynamiques sociolangagières de l'espace algérois offre la possibilité de confronter les concepts de la sociolinguistique urbaine à la spécificité du terrain algérien. Elle permet également d'aborder la question des tensions sociospatiales qui traversent la société algérienne, au vu des grands bouleversements sociaux, économiques et urbanistiques qu'elle est en train de vivre.
(Coll. Espaces discursifs, 19.00 euros, 194 p.)
ISBN : 978-2-336-00340-5, ISBN EBOOK : 978-2-296-50780-7

SAHARA (LE) ALGÉRIEN – Intégration nationale et développement régional
Kouzmine Yaël
Le Sahara algérien représente les 4/5e du territoire national. La diffusion des infrastructures de transport et des équipements publics a considérablement remodelé les territoires sahariens, dans un contexte de forte croissance démographique. Voici étudiées les perspectives futures d'évolution de ce désert, aujourd'hui largement urbanisé et intégré à l'économie nationale.
(35.00 euros, 344 p.)
ISBN : 978-2-336-00418-1, ISBN EBOOK : 978-2-296-50554-4

ESPRIT (L') ARABE ENCHAÎNÉ
Heggy Tarek - Traduit par Leila Henein
L'esprit arabe enchaîné parle des obstacles qui se posent entre l'esprit arabe et la *civilisation moderne*. Il traite des faiblesses et des failles culturelles et sociales qui ont mené la majorité des sociétés arabophones contemporaines à s'isoler et à rester barricadées dans leurs convictions. Comment pourra-t-il se libérer de ses chaînes et s'intégrer dans le monde ? La région connaîtra alors la vraie démocratie rêvée par le «Printemps arabe» et pourra la vivre.
(16.50 euros, 160 p.)
ISBN : 978-2-336-00279-8, ISBN EBOOK : 978-2-296-50491-2

ISLAM (L') : UNE VICTOIRE INÉLUCTABLE
Maucade Julien
L'opposition entre Islam et monde occidental éclaire les causes profondes du malaise grandissant dans les civilisations. L'humanité est à un tournant crucial de son histoire. Le dénouement de cette confrontation dont l'issue aura un rôle essentiel déterminera l'idéologie dominante à venir. Laquelle de ces deux armées sera victorieuse ?
(14.00 euros, 128 p.)
ISBN : 978-2-296-99694-6, ISBN EBOOK : 978-2-296-50404-2

ALGÉRIE, 50 ANS APRÈS
Confluences Méditerranée 81
Souiah Sid-Ahmed
L'Algérie fête cette année les 50 ans de son indépendance, une occasion pour revenir sur son parcours à la fois politique, économique et culturel. Au sommaire notamment de ce numéro des contributions sur Ben Bella,

le développement économique depuis 50 ans, le pétrole, la dépendance alimentaire, le logement, la jeunesse, l'histoire de la peinture, le cinéma, la création littéraire.
(18.50 euros, 234 p.)ISBN : 978-2-296-99405-8, ISBN EBOOK : 978-2-296-50081-5

LANGUE (LA) DE ZAHRA
Sissani Fatima
Les Kabyles existent d'abord par la parole. Une réalité qu'on se représente mal lorsque l'on plonge dans la société de l'immigration où ces hommes et femmes, souvent analphabètes, sont relégués exclusivement au rang d'ouvriers et de femmes au foyer... On imagine alors mal les orateurs qu'ils deviennent lorsqu'ils retournent dans leur langue. Cette réalité, je la pressentais. J'en ai réalisé toute l'acuité, mesuré la dimension en filmant ma mère, son quotidien et son histoire...
(20.00 euros) *ISBN : 978-2-296-57455-7*

TUNISIE (LA) RÉINVENTE L'HISTOIRE : RÉCITS D'UNE RÉVOLUTION – Un passé troublé et un présent sous pression
Sous la direction de Saisi Heidi ; Préface de Suzanne Citron
Ecrire sur l'histoire des civilisations, l'immigration et la révolution tunisienne, c'est rendre accessible des événements encore trop récents et qui échappent pour l'instant à l'archivage national. Exhumer ces faits oubliés, c'est explorer «l'arrière-pays» de ces évènements, sans faire pour autant le procès de quiconque. Évoquer la mémoire de ces étrangers, expliquer la révolution tunisienne, c'est tenter de contribuer à un dessein de science sociale.
(25.50 euros, 256 p.) ISBN : 978-2-296-99283-2, ISBN EBOOK : 978-2-296-50265-9

RÉSISTANCE (LA) SAHRAOUIE À GDAÏM IZIG
L'Ouest Saharien 8
Dans le triangle saharien formé par le Mali, le Sénégal et le Sahara occidental, des questions complexes surgissent : formation de la société sahraouie, la vie quotidienne des femmes dans les campements sahraouis de Tindouf, l'exode de 20000 d'entre eux à partir d'El Ayoun. Ce numéro consacre également un dossier inédit à la migration et deux études sur le Mali, l'une sur les Touaregs Kel Adagh et l'autre sur la musique contemporaine touareg.
(20.00 euros, 206 p.) ISBN : 978-2-296-99233-7, ISBN EBOOK : 978-2-296-50489-9

OUTILS MÉDIATIQUES ET POPULATIONS DU MOYEN ATLAS MAROCAIN
El Berrhouti Abderrahman
Cet ouvrage s'inscrit dans le débat sur la mondialisation et le processus de dissolution des cultures traditionnelles au contact des médias modernes. Trois territoires sont étudiés : Laanoussar, Guigou et Kerrouchen. Les groupes n'évoluant pas à la même vitesse, tous ne sont pas affectés de la même façon par les transformations induites par les TIC. Grâce à des exemples concrets et actualisés, l'importance des acteurs, des réseaux d'accès aux vallées et de la pénétration médiatique est mise en évidence.
(Coll. Histoire et perspectives méditerranéennes, 33.00 euros, 320 p.)
ISBN : 978-2-296-99591-8, ISBN EBOOK : 978-2-296-50140-9

L'Harmattan, Italia
Via Degli Artisti 15; 10124 Torino

L'Harmattan Hongrie
Könyvesbolt ; Kossuth L. u. 14-16
1053 Budapest

Espace L'Harmattan Kinshasa
Faculté des Sciences sociales,
politiques et administratives
BP243, KIN XI
Université de Kinshasa

L'Harmattan Congo
67, av. E. P. Lumumba
Bât. – Congo Pharmacie (Bib. Nat.)
BP2874 Brazzaville
harmattan.congo@yahoo.fr

L'Harmattan Guinée
Almamya Rue KA 028, en face du restaurant Le Cèdre
OKB agency BP 3470 Conakry
(00224) 60 20 85 08
harmattanguinee@yahoo.fr

L'Harmattan Cameroun
BP 11486
Face à la SNI, immeuble Don Bosco
Yaoundé
(00237) 99 76 61 66
harmattancam@yahoo.fr

L'Harmattan Côte d'Ivoire
Résidence Karl / cité des arts
Abidjan-Cocody 03 BP 1588 Abidjan 03
(00225) 05 77 87 31
etien_nda@yahoo.fr

L'Harmattan Mauritanie
Espace El Kettab du livre francophone
N° 472 avenue du Palais des Congrès
BP 316 Nouakchott
(00222) 63 25 980

L'Harmattan Sénégal
« Villa Rose », rue de Diourbel X G, Point E
BP 45034 Dakar FANN
(00221) 33 825 98 58 / 77 242 25 08
senharmattan@gmail.com

L'Harmattan Togo
1771, Bd du 13 janvier
BP 414 Lomé
Tél : 00 228 2201792
gerry@taama.net

630041 - Novembre 2015
Achevé d'imprimer par

1livre.com
du rêve à la réalité !